HOW TO HAVE IMPOSSIBLE
CONVERSATIONS A Very Practical Guide

Peter Boghossian
& James Lindsay

别害怕冲突

〔美〕彼得·博格西昂、〔美〕詹姆斯·林赛——著
程兰——译

上海交通大学出版社
SHANGHAI JIAO TONG UNIVERSITY PRESS

图书在版编目（CIP）数据

别害怕冲突 /（美）彼得·博格西昂 (Peter Boghossian)，（美）詹姆斯·林赛 (James Lindsay) 著；程兰译 . -- 上海：上海交通大学出版社，2023.6

书名原文：How to Have Impossible Conversations
ISBN 978-7-313-28565-2

Ⅰ. ①别… Ⅱ. ①彼… ②詹… ③程… Ⅲ. ①心理交往 – 通俗读物 Ⅳ. ① C912.11-49

中国国家版本馆 CIP 数据核字（2023）第 083257 号

上海市版权局著作权合同登记号：图字：09-2023-84

How to Have Impossible Conversations
Coypright © 2019 by Peter Boghossian and James Lindsay
Simplified Chinese edition copyright © 2023 by Beijing Mediatime Books Co., Ltd.
This edition published by arrangement with Da Capo Press, an imprint of Perseus Books, LLC, a subsidiary of Hachette Book Group, Inc., New York, New York, USA. All rights reserved.

别害怕冲突
BIE HAIPA CHONGTU

作　　者：	［美］彼得·博格西昂　　［美］詹姆斯·林赛
译　　者：	程　兰

出版发行：	上海交通大学出版社	地　　址：	上海市番禺路 951 号
邮政编码：	200030	电　　话：	021-52717969
印　　刷：	三河市宏图印务有限公司	经　　销：	全国新华书店
开　　本：	880mm×1230mm　1/32	印　　张：	6.5
字　　数：	118 千字		
版　　次：	2023 年 6 月第 1 版	印　　次：	2023 年 6 月第 1 次印刷
书　　号：	ISBN 978-7-313-28565-2		
定　　价：	55.00 元		

版权所有　侵权必究
告读者：如发现本书有印刷质量问题请与印刷厂质量科联系
联系电话：010-83670070

目录

第一章　当冲突一触即发，你该怎么办？　001

　　当你感到同对方"鸡同鸭讲"时，你该怎么办？　002
　　什么是"不可能"？　004
　　为什么要进行"不可能的沟通"？　005
　　寻求共识，而非陷入争斗　006
　　如何有效使用本书　007

第二章　建立良好关系的七个基本要素　009

　　一、目标：先明确目标，再应用技巧　011
　　二、伙伴关系：放弃敌对思维，有效化解冲突　012
　　三、融洽关系：分歧越大，越需要维护关系　016
　　四、倾听：真诚倾听带来巨大回报　022
　　五、"斩杀信使"：别做无效沟通　026

六、意图：假定对方的意图比你想象得更好　　029

　　七、走开：学会及时结束　　033

第三章　如何干预他人的认知　　039

　　一、示范：用示范创造良好关系　　041

　　二、词语：和对方进入相同的频道　　046

　　三、提问：聚焦于具体的问题而非笼统的话题　　049

　　四、找到双方的共识：告诉别人你的关心程度　　053

　　五、管理社交媒体：避免产生相反的结果　　055

　　六、多谈贡献、少谈指责：客观看待问题有助消除冲动　　059

　　七、专注于认识论：通过技巧影响他人　　062

　　八、学习模式：让双方软着陆的隐藏王牌　　069

　　九、不可为的事（反向应用法）　　071

第四章　提升干预手段的七个方法　　075

　　一、允许朋友犯错　　077

　　二、搭建金台阶　　080

　　三、使用特定的语言　　083

　　四、陷入僵局？重新构建谈话　　086

　　五、改变你的想法　　089

　　六、引入数值等级　　091

　　七、寻求外部帮助　　095

第五章　处理冲突的五个技巧　　101

一、遵守拉波波特法则　　103

二、避开事实　　106

三、寻求驳论（证明对方的结论不成立）　　111

四、"是的，那么……"　　127

五、应对愤怒　　131

第六章　像谈判专家一样打破僵局的六个技巧　　143

一、综合　　145

二、帮助发泄愤怒　　150

三、塑造角色　　154

四、人质谈判　　160

五、探索极限　　164

六、反干预策略　　167

第七章　两个关键因素，帮你改变难以改变的人　　175

一、如何与顽固分子交谈　　177

二、重新构建道德谈话　　190

第八章　迎接挑战　　201

第一章
当冲突一触即发，你该怎么办？

在冲突开始前，找到达成共识的可能

当我们与对方持截然不同的观念时，我们应如何缩短和对方的心理距离，与对方进行有效沟通？现在越来越多的倾向是把沟通中的分歧两极化，那么，我们如何才能真正有效地解决问题，避免沟通不畅带来的不良影响？这正是本书想要讨论的问题。

当你感到同对方"鸡同鸭讲"时，你该怎么办？

本书的作者之一彼得·博格西昂曾有过这么一段糟糕的经历，当时他在与一位自认为秉承自由主义观念的同事（SDL）讨论美国平权运动时，双方都不自觉升级了沟通的火力：

SDL："你一直否定它（平权运动）是公平的。"

博格西昂："是的，因为它就是不公平的。它对谁公平？"

SDL："我已经告诉过你了。平权运动对传统边缘化群体来说是公平的，例如少数族裔——非裔美国人，他们没有被赋予和你我一样相同机会的权利。"

博格西昂："但这种情况又是怎么产生的？"

SDL："你一直在重复这些陈腔滥调。你不理解是因为你从来没有碰到过哪怕一点点的、他们每天都要应对的局面。"

博格西昂："好的，那首先我姑且承认你是对的。虽然我并不这么认为。那么，你如何证明平权运动是修复过去不公平的一种方式？"

SDL："这不是如何证明的问题，这是一件正确的事情，因为……"

博格西昂："所以你完全相信了一件未经佐证的事？"

SDL："你没有在听我说话。"

博格西昂："我在听。我试图弄清楚为什么你可以如此相信一件没有任何证据的事。你认为非裔美国人在克拉伦斯·托马斯的带领下有没有过得更好？你觉得他是最高法院的大法官是不是一件好事？或者你认为非裔美国人在一个自由主义的白人女性带领下会过得更好？"

SDL："难以置信你竟然是一位老师！"

博格西昂："抱歉让你有这种感觉。也许当你碰到有人问你一些简单问题时，你能更好地为你的信念辩护，而不会感觉如此烦躁。"

SDL："你都教学生什么东西？"

博格西昂:"你不是我的学生。不用这么生气。"
SDL:"你是个混蛋!"

显而易见,彼得·博格西昂不仅没有倾听他同事的话,反而不断打断他的叙述,用"但是"来回应对方,并借此转换话题。在这场对话中,彼得·博格西昂只想赢得谈话的胜利,甚至不惜让对方感到尴尬。这场谈话最后无疾而终,而或许这位同事应该在谈话一开始的时候就选择自行离开。

尽管我们承认,两个观念相背的人很难达成一致,但结果也没必要如此糟糕。我们本可以采取更好的解决办法,虽然跨越分歧其实比我们想象得更难。

如今,我们所处的舆论环境更倾向于让我们陷入无尽的争吵和恶意当中。越来越少的人知道应该怎么做。我们甚至不知道如何处理家庭餐桌上的分歧,不知如何在社交媒体上与他人讨论问题。更多的人选择逃避这类可能会引发冲突的问题,然而这并非长远之计,学习有效地处理分歧依然至关重要。

什么是"不可能"?

当我们认为一件事是不可能的时候,意味着我们内心认为这么做是徒劳无功的，意味着我们内心此时持抵抗情绪。没有任何书本可以指导你如何强迫对方与你交流，但大多数情况下你的沟通对象还是愿意持相对开放的态度与你交流。

通常情况下，一个人越是坚信自己的信念，他就会在谈话中表现出越多坚持。在这种情况下，你很难让他接受你的观点，因为在他看来，你更像是接纳他想法的容器，或者是一个需要征服的对手。

本书就是要为你解决这个问题，让你能够同任何人进行关于任何话题的有效沟通，即使某些情况可能看起来非常不可能。无论你们双方是否抱有抵触的情绪，或者你们的基本观念是否存在巨大分歧。

当然，选择回避分歧似乎是更简单的做法，但你不可能永远回避问题。比如，每个人可能总会有几个无法置之不理的话题。所以，与其逃避，不如学会应对，正确的处理方式能为你带来更丰富的选择。

为什么要进行"不可能的沟通"？

他人的信念很重要，你的信念也很重要。如果你相信天气很冷，你就会想要穿上外套，因为你相信这会让你暖和。道德观念或政治信仰也是同理。如果你认为外国入侵者正在偷走我们的工作机会，你很可能会支持封锁边境交流的保守政策（如果此时你的反对者与你持相反信念，这反而更能加剧你对你信念的坚持）。信念很重要，人们根据自己的信念行事——无论他们是否被误导。

　　一个人的信念可以被改变，沟通是一种改变信念的好方式，强迫则是一种糟糕的方式。比如，一个人绝不会因为自己讨厌的人打了自己一拳而改变自己的信念。我们提倡通过沟通来交流信念，这是因为沟通本质上是一种合作。沟通为双方提供了机会，让彼此能重新思考他们所相信的，从而重新评估他们的行动和决策。

寻求共识，而非陷入争斗

　　不要害怕说出自己的观点，不要担心出现分歧。越来越多的人逐渐意识到，有效的互动能帮助自己获得有用的信息、完整的知识、情感的支持甚至是政治资本。你只需知道如何有效与人互动，降低他们的抵抗心理，使他们不要执着于他们的信念，你也可以通过沟通获得你想要的东西。

　　让沟通为彼此创造收益，而不是让沟通成为斗争说教的手段。当对方要求你"倾听并相信"他的理念时,你可以通过书中的方法在倾听、理解对方后,再反向对他提出疑问。本书的作者彼得在读博期间甚至通过这套办法,与俄勒冈州监狱的罪犯交流了一些他们人生中最困难的问题。作者詹姆斯的观点也是基于他与众多在政治、道德和宗教等方面持极端不同意见的人长期交谈得出的。本书是我们广泛研究的最终成果,也是他们与自称对其信念毫不动摇的人沟通的终身经验。

在当今社会,学会在分歧中抓住机会,正确处理分歧是一项至关重要的技能。学习倾听与被倾听,明确地表达自己的观点,正是我们想要解决的问题。

如何有效使用本书

本书涵盖了从应用认识论、人质谈判、专业谈判、心理学学科领域里被广泛认可的 36 个技巧,以逐章进阶的方式为读者一一展开。本书中的一部分技巧将教你如何有效干预他人的认知、向对方灌输你的疑问,一些技巧则着眼于帮你探索真理。这些技巧的共性是,无论你的沟通目标是什么,你的沟通对象是谁,它们都能帮你更好地表达你的观点,甚至是影响对方。

本书中列举的很多内容基于真实的沟通片段。在这些片段中，你将看到如何在消除对方抵抗心理的同时，自然而然地运用沟通技巧影响你们的谈话。本书中也列举了不少错误示范，通过别人的错误体会技巧的价值也是我们希望读者可以掌握的。

我们强烈建议你按顺序阅读本书，不要跳跃章节。你可以在实践了每一章节的技巧后，再进入下一章节。因为后续更高级的技巧、战略和方法是否能获得成功，都依赖于你是否真正掌握了本书前两章的内容。

也许，你已经厌恶了在谈论自己观点时不得不一直小心翼翼。也许，你已经受够了对方的谴责和敌意。那么就从这本书开始，重塑你的沟通模式吧。你将学到如何干预别人的思想，帮助他人改变他们的想法，如何共同寻求真理，保持文明谈话，改变哪怕是最顽固的头脑，跨越哪怕是最深刻的分歧。下面就奉上拥有它们的方法。

第二章
建立良好关系的七个基本要素
无论对方是陌生人还是囚犯

不要逼你的谈话伙伴走出舒适圈

任何事都以基本要素为基础。如果你能在芭蕾舞中跳出复杂的动作，那是因为你理解这一艺术的基本要素。也就是说，所有专业知识都是建立在基础知识之上。

那么，想要有效处理分歧，你首先要明确沟通的基本要素。当你能自然而然应用这些要素时，你便能自然而然地开展对话。如果没有这些基本要素，你可能会频繁遭遇沮丧，或者谈话脱轨导致彼此剑拔弩张。

有效处理分歧的基本要素，大部分都可以归结为一个主题：让谈话对象成为伙伴，而不是敌人。为达到这一目标，你要明白你想从这次谈话中获得什么，对对方的意图不持抵抗情绪，认真倾听对方并寻求有来有回的互动（而非一味接受对方或者向对方灌输）。学会倾听是第一步。你要克服自己的冲动，不要着急说出所想之事。你还要知道在何处结束你的谈话。

本章讲述了良好沟通的七个基本要素：确认你的目标；形成伙伴关系；发展融洽关系；在谈话中倾听对方；斩杀自己的信使（即不要传达你想说的话）；牢记对方的意图（很可能比你假设的意图要好）；知道何时结束谈话并离开。

这些要素是后续高级技巧的根基，可以帮你提升你的谈话效果。下面我们将展开探讨这几点。

一、目标：先明确目标，再应用技巧

你的目标是什么？

人们开始进入谈话的原因千差万别。大多数情况下，我们可能并没有抱有什么特别的目的，但如果提到功能性的目标，一般包括以下几点：

1. 达成一致理解（各方寻求理解对方的立场，但是达成一致共识不是必要的）。
2. 向对方学习（找出为什么他人会得出那样的结论）。
3. 寻找真理（合作找出真相，或纠正错误信念）。
4. 干预（试图改变某人的信念，或是他们形成信念的方式）。
5. 令人印象深刻（对方正在寻求一个令人印象深刻的机会）。
6. 屈服于强迫（感到被迫与某人交谈）。

不同的情况会对应不同的沟通目标，如果你能预先确定好自己的沟通目标，那么接下来的路会变得轻松。不妨问问自己：

为什么我正在进行这次谈话；我的目标是什么；我想从谈话中获得什么。

无论你是否有特别的目标，是否有一个以上的目标，是否会在沟通中改变自己的目标，都没有关系。但你必须在开启一段谈话前明确自己的目标。首先你可以问问自己，是对寻找真相更感兴趣，还是对帮助他人重新思考自身信念更感兴趣。也许两者都有，也许你对其中一个目标的兴趣明显大于另一个。一旦你明确自己的目标，你就能有效地运用技巧来帮助自己实现目标。

二、伙伴关系：放弃敌对思维，有效化解冲突

在 20 世纪 70 年代，彼得的导师，波特兰州立大学心理学教授弗兰克·韦斯利，调查了一些美国战俘在朝鲜战争期间叛逃去朝鲜的原因。他的研究表明，几乎所有的叛逃者都来自同一个美国训练营。这个训练营经常给他们灌输朝鲜人是残忍、冷酷无情的野蛮人，并且一心只想摧毁美国的观点。但当这些战俘被友善对待时，他们最初被灌输的思想便瓦解了。他们比那些从未了解任何关于朝鲜信息的士兵，或是被给予更多中立思想的士兵更容易叛逃。

谈话伙伴

只有给予对方友善、同情、尊严和尊重才有可能改变、影响他人的观念,与他人建立关系并维护友谊。我们会友善回应一个愿意倾听我们,并优待我们的人。敌对的关系和威胁的元素则会让我们更加坚守自己的观念。我们很容易讨厌那些在我们看来心胸狭窄,对我们态度糟糕的人,这样的例子在生活中比比皆是。

幸运的是,建立信任、安全的沟通环境和避免冲突是非常简单的。将彼此之间的关系看成是伙伴关系,我们就更容易在谈话的过程中创造友好的氛围、建立良好的关系,而不是在谈话中摧毁这段关系。

从取胜转为理解

问:"如果对方是自己的对手,甚至是敌人,如何把他们变成自己的伙伴和合作者?"

答:"改变你的目标,从'取胜'转为'理解'。"

我们不妨把谈话目标设定为理解我们的谈话伙伴,并在谈话中放弃敌对思维（冲突、争斗、争吵、辩论、嘲笑和取胜的想法），采取合作性思维（合作、建立伙伴关系、倾听和学习）。从"这个人是我的对手，我需要让他理解我在说什么"转变为"这个人是我的谈话伙伴，我可以从他身上学到很多——包括学到为什么他会持完全不同的信念"。

黑人音乐家戴露·戴维斯甚至与三K党人进行谈话，帮助他们放弃三K信念（他的确做到了：他有一个壁橱，装满了三K党人放弃的头巾）。你也可以与持有任何信念体系的任何人交谈，并发现为什么他们会信仰那种信念。

要知道，把对方当作伙伴，并不意味着要接受他们给出的结论，或是被他们的理论说服。这仅仅意味着你在尝试与他人一同思考，尝试理解他们所相信的内容，尝试理解他们相信的原因，而对方也有可能在这个过程中逐渐明白你的观点，或意识到他们自己的错误，当然你也有可能会发现一直以来抱有错误观念的人恰恰是自己。把对方当作伙伴无关乎你是否赞同对方的观点，而是在于你们能否在这一过程中相互理解。

在这当中最糟糕的情形无非是你不得不听到一些你根本无法接受的东西，但你也能通过这次沟通更好地理解为什么人们会持有令人难以接受的信念。相比之下更有可能发生的情形则是，你在舒适的谈话环境中与对方建立了友好的关系，摆正了自己的位置，阐述了自己的观点，理解了对方的观点，甚至可能会调整自己的信念。

当然，你不能控制别人的行为，只能控制自己的行为。因此，这很有可能需要你在对方不理解你的情形下先去试图理解对方。这需要你优先采取积极行动，并做好在沟通不可持续的时候及时离开。

建立伙伴关系

下面用几个简单要点讲述在实际操作中的方法：

1. 直接表明你的合作态度和目标。

"我真的很想了解你得出这些结论的原因。我希望我们可以一起找到答案。"

2. 给你的伙伴一点空间，让他可以拒绝谈话邀请、不回答你的问题，或是可以在任何时候结束谈话。如果他人不想与你谈话，不要给他压力。

3. 用好奇而非怀疑的态度认真叩问自己的内心而不是先去质疑对方："怎么会有人相信这些？"当你试图寻找答案的时候，你们就更容易步入稳定的谈话。

三、融洽关系：分歧越大，越需要维护关系

安东尼·马格纳博斯科（AM）是一名街头认识论者。街头认识论者善于运用著名的苏格拉底提问法和其他对话工具，帮助人们重新思考他们自认为了解的东西。

安东尼在徒步旅行返程后遇到了卡莉（K）。在之后的谈话中，安东尼很快与卡莉建立了融洽关系。也就是说，安东尼选择先与对方建立联系，在对方感到舒适后再谈论对方的信仰。

AM："早上好！最近好吗？有5分钟时间聊聊吗？"

K："有的，没问题！"

AM："好的，谢谢你。如果我开直播并录下来，你介意吗？"

K："没关系。你要聊什么？"

AM："这问题棒极了……我之前也和很多陌生人进行过5分钟的谈话……"

K："OK……"

AM："来看看他们的信仰以及相信它的原因。"

K："好吧！"

AM："这很有趣。"

K："好的！"

AM："好的，谢谢你！"

K:"我要摘掉太阳镜吗?"

AM:"只要你觉得舒服,怎么都行。"

K:"好的。"(摘掉太阳镜)

AM:"你的名字是?"

K:"卡莉。"

AM:"我叫安东尼。"(伸手握手)

K:"很高兴见到你。"

AM:"嗨!我也很高兴见到你。你的名字怎么拼?"

K:"K-A-R-I。"

AM:"好的……(写下她的名字,做视频记录)你经常在这儿徒步吗?"

K:"是的。"

AM:"太棒了!我也来过这里几次,但是经常和我的孩子们一起,我就不能想走多快就走多快了。"

K:"的确是这样!我经常跟我的孩子一起来。"

AM:"是啊,是啊!孩子们会拖后腿。"

K:"没错。"

AM:"你都是乘车快速游览这里,还是……"

K:"事实上,这是我第一次自己过来,我觉得做点有难度的事情会很有趣。"

AM:"OK,不错,真不错!"

这样的对话持续了将近两分钟。在这两分钟内，安东尼选择先与对方建立足够融洽的关系，当对方感到和一个陌生人谈论自己的信仰也无妨时，才开始谈论这个话题。

友善、舒适、信任

当你与谈话伙伴建立了融洽的关系，你们更容易和睦相处、相互体谅，朝着建立互信的方向努力。这一步至关重要，它可以避免分歧的产生，增进彼此的情感，帮你们更好地达成自己的目标。如果说把谈话看作是伙伴关系中很重要的一部分，那么建立和维护友好氛围就更进一步改善了整个局面。人们的分歧越大，建立并维护融洽关系就越重要。当你和谈话对象之间的关系升温，他的戒心很可能会降低，他会更欢迎你的建议。

为了建立融洽关系，你应该真诚地提问（问那些你真的想了解答案的问题，而不是把问问题当成战术）。对陌生人来说，电影、音乐、共同好友、爱好等都是建立融洽关系的上佳话题。如果你已经与某人很熟，那不妨花点时间闲聊一下他们的子女、父母或者是新住所。通常情况下，几分钟的闲聊就能建立融洽关系。

如果你要和一位朋友交谈，那么维持你们的友谊应该比赢一场辩论或抬杠更重要。朋友更有可能倾听你的想法，也更有可能思考你的意见。但更重要的是，他们是你的朋友，你们应该珍视彼此之间的融洽关系，而不是去做可能威胁这种关系的事。这并不意味着你不能否定他们的意见。但首先需要记住你们是朋友。在讨论争议性问题之前，不要忘记像朋友一样跟他们聊天，把目标性谈话暂且搁置，专注于你们的友谊！

建立融洽关系的实际做法

下面是一些建立融洽关系的具体方法，既适用于陌生人也适用于朋友：

1.迅速建立融洽关系。

谈话不要以实质性问题开头（尤其是具有争议性的问题）。

2.如果你不认识你的谈话对象，以下是一些简单的初始问题：

（1）你好，我叫××。最近好吗？

（2）很高兴认识你。我叫××。你贵姓？

（3）这是我第一次来。你是怎么知道这个地方的？

说出这些初始的破冰问题后，你可以马上问一些建立融洽关系的问题，进一步探究他人的动机和兴趣：

（1）你能再多说一点，为什么这个对你很重要吗？

（2）你对它感兴趣的原因是？

（3）你平常都做些什么？你对什么感兴趣？（不要问"你的工作是什么？"因为这很少能揭露一个人的兴趣。）

（4）你喜欢别人怎么称呼你？

（5）你在哪里学到的这些？

3. 找到共同点。

你可能与你的谈话伙伴之间有数不清的共同点。也许你们都练习柔术、喜欢吃寿司、喜欢看科幻小说、快要做父母、在同一个小区生活，或是对一些政治问题感兴趣。当你们的沟通有向冲突演变的可能时，请牢记你们的共同之处。

大多数人都有一个天然的共性，即都有追求美好的冲动，所有人都想自己能够得到最好的。当你们预见到分歧即将产生的时候，不妨思考一下你们之间的基本共同点。

4. 不要平行说话。

平行说话的意思是，谈论对方说的东西，并引到自己或自己的经验上。例如，如果有人告诉你，他刚从古巴回来，那么你不妨问问他在古巴的体验，而不是谈论自己在古巴的经历。不要把他们的故事变成你的生活陈述。平行说话会破坏融洽关系。

5. 在关系上投资，不讨论彼此的政见。

友谊让信任和包容诞生，如同一座可以连接分歧的桥梁。记住这一名言：没人关心你知道什么，直到他们知道你有多关心他们。这说明，重要的是你有多关心他们以及他们所关心的事，而不是你的政治或道德评论。

6. 只在你有时间的时候才开始实质性谈话。

不要着急，也不要"打了就跑"。如果你不能实质性地探讨对方的观点，那就等到你有时间的时候再开始。在谈话中强迫对方或是加快速度都有损融洽关系。如果你时间有限，那就先用你有限的时间建立融洽关系，或者简单叙叙旧。

7. 准备好谈论别的话题。

相信你的生活中肯定有因为固执己见进而破坏了家庭聚会氛围的亲戚朋友。不要让自己成为这样的人。当你们的沟通变得胶着，那你不妨换一个不那么严肃的话题。如果你们的谈话已经远离了那个具有争议的话题，就不要再重提。强迫谈论某个问题也会破坏融洽关系。

8. 避免立即叫停，除非是在对方严重违规的情况下。

通常立即叫停意味着用一种令人羞愧的严厉方式，告诉对方刚刚跨过了界限。这之后通常都有一些指令，例如："你应该这样做……""你不应该那样做……"在对方表达自己观点的过程中立即叫停，会破坏融洽关系。

寻找一种更微妙的方式，在更好的时机提出你的忧虑。与其在对方表达想法的时候阻止他冒犯他，不如试着理解他正在说的话，不管他的话有多少瑕疵。当然，如果有人故意粗鲁或谩骂，你应该说出自己的想法，设立清晰界限——或终止谈话。

9. 要彬彬有礼。

常用"请"和"谢谢"。同样，在他人提出反驳意见或不同意你说的话时，你可以向对方表示你的理解。

四、倾听：真诚倾听带来巨大回报

不妨思考一下你更想跟谁共进晚餐？是一个无所不知、善于说服别人的人，还是一个与你互动并让你感到被倾听的人？如果你足够幸运，拥有一位善于倾听的朋友，那你一定知道自己会邀请谁一起用餐。当人们在被别人倾听时，他会感到深深地满足，如果你认真诚恳地倾听他人，你会收获巨大的回报。

如果你不倾听对方，你就无法理解对方。如果你不能理解对方，你们之间的交流就不能称为沟通。倾听需要练习。你可以尽可能选择让倾听成为你沟通的重点。

提升倾听技巧的最佳实践方式

下面是一些可以帮你立竿见影提升倾听技巧的建议：

1. "你先说……" "不，你先说。"

如果你和对方同时开始说话，你可以选择停下来，并示意请对方先说。如果对方表示让你先来，你依然可以回答："没关系，你先说。"然后等待对方先开口。

这种场景就好像你和另外一个人碰巧走到同一个门口，与其直接冲过去，不如退一步让别人先走。如果对方也退一步并示意你先走，那么你仍可以选择继续后退一步，做出让他们先过的手势。你可以随时让路，但前提是你真的有路可让。

2. 直视对方，正面相对。

当你听懂对方的话时，点头表示理解。

3. 不要抢话，除非你恰巧知道你的同伴正在苦于寻找那个他遍寻不到的词。倾听。在你听完并理解对方的话语之前不要插嘴。要倾听。

当谈话氛围变得紧张的时候，我们更要倾听，不要急着说话打破沉默。人们很难与一个优秀的倾听者成为敌人。

4. 停顿。

停顿是人们反思的关键时刻。不要着急填补停顿空白。停顿可以建立信任和融洽关系，同时给你提供一个机会，帮你理解对方的理论。

在西方文化中,谈话过程中的沉默可能会让人感到不舒服。我们应该把停顿视作一次机会,而不是一个需要去解决的难题;一段没有被打破的沉默能为谈话者提供"反思时刻"。

5. 如果你发现自己被周边环境中的某事物干扰,你可以选择不予理会,或者明确找出到底是什么在分散你的注意力。

如果你的谈话伙伴也觉得被同一个事物分散了注意力,这就形成了你们之间的共同纽带。例如,如果你被隔壁房间激烈的对话干扰,你可以说:"他们的谈话太激烈了,干扰了我的注意力。不知道有没有打扰到你?"

6. 如果你不清楚对方的意思,那么请把理解的责任放在自己身上。

你可以在谈话过程中询问对方:"我不确定我是否理解了你的意思。你能再解释一下吗?"请避免下列表达:"这样说不准确。""这根本说不通。""你表述不清。"

7. 当你感觉到你的谈话伙伴有恐惧、沮丧、愤怒、愤慨或厌恶的负面情绪时,注意他使用的具体词语。

让他们镇定下来的一个最好的方法(尤其是在紧张的谈话中),就是倾听并尽快理解他们。

例如:"我明白了。我理解你的沮丧。"通过使用同样的词语确认他们的观点,有助于引导谈话远离冲突。同时这也能表示你在认真倾听对方的谈话。

8.如果你在对话中开始感到疲倦,或发现自己没有集中注意力,你可以直接看着对方的眼睛:"真抱歉。你能再说一遍吗?"

如果你发现自己一直无法集中注意力,那么是时候结束这次谈话了。

9.如果你和你的谈话伙伴碰巧同时开口,不妨先让对方继续而你来倾听,当你重新开始讲话时,不要重复刚刚打断对方谈话时中断的词语。

也就是说,如果你们在谈话时打断了彼此,而你最后说的话是:"所以他告诉我……"那么,当你再次开始说话时,不要再用"所以他告诉我"来开头。这样反而会显得你刚刚完全没有认真倾听对方的讲话,你可以在开口前先复述对方的观点。或者,你也可以选择让对方继续说下去。

10.在谈话时不要拿出你的手机。

即使你是想要查找关于这个话题的更多信息,也不要这样做。

11.直白地告诉对方:"我明白你所说的。"

这句话很简单,但是很有效。

五、"斩杀信使":别做无效沟通

不知你是否曾经设想过这样的场景,你提出了颇具说服力的观点,而对方却迅速否定了你的结论。这种情况时常发生,人们想要传达自己的信息,但大多数接收信息的人选择拒绝。没有人喜欢被说教。

"传达信息"是无效的。因为沟通是双向的交流,传达信息则是单方面的表达。传达者假设他们的听众会倾听自己的信念,并接受自己的结论。

在20世纪40年代,心理学家库尔特·勒温与他的学生进行了一系列研究,讨论二战时期的家庭主妇在何种情况下会接受在家常菜中加入胰脏肉(内脏器官)来挺过肉类短缺时期。一部分家庭主妇参加了关于解释这么做为什么对战争至关重要的讲座。另一部分家庭主妇则受邀参加了小组讨论,并在讨论中自发发现使用胰脏肉的好处。研究表明,小组讨论最后达成了37%的认可率,而在听讲座的群体中,认可率只有3%。

为什么讨论小组最后有更高的认可率?其中一个原因是,人们倾向于拒绝被传达的信息,认可由他们自己提出的想法。如果你恰巧有一位曾拒绝你提出的某一个意见的朋友,而后他又在"自己的发现"中认可了你的观点,你自然会对这一现象有深刻的体会。

当一个传达者（信使）向当事人传达了与对方信念相悖的信息时，对方不仅不愿意接受，甚至可能会对传达者产生负面情绪（或参考历史上交战双方一方斩杀另一方的信使的事件），因为传达者传达了不受欢迎的信息（而这也是"不斩来使"的原因）。那么，不向对方传达不受欢迎的信息，可以有效帮你避免这一点。

传达信息不起作用

那么，我们如何将单向传达信息变成双向沟通呢？

1.区分传达信息和真诚沟通。

传达信息就像是说教，这时的谈话是"给予—接受"式的。如果你脑海中有这样的想法"只要他们能理解这一点，他们就会改变想法"，那么你就是在传达信息。

因此，我们在谈话的过程中不妨问问自己："对方邀请我分享这一内容了吗？"如果是后者，你很可能在传达信息。

2.在每一次谈话中提醒自己：你可能目前还不明白对方理解问题的方式。

如果你试图理解对方的结论背后的原因，那么你更容易实现双向的沟通。

3.不要在对方讲话的时候向对方反向传达你的理论。

如果你这样做，那你们就不是在沟通，而是在辩论，结果是你会沮丧或对方会强化自己的信念。没人喜欢被说教。在紧张的谈话中，人们更关心自己想要传达的信息，而不是看上去矛盾的信息。

4. 如果你发现你的谈话伙伴正在做传达者，不要"斩杀信使"。

如果你斩杀了对方的信使，你将摧毁你们之间的融洽关系，并有可能使谈话偏离正轨。

如果此时你的谈话对象选择"传达"，那么你不妨选择倾听和学习。向对方提问是让谈话重回正轨的有效方式，也是谈话干预技巧的不可或缺的因素。

5. 只有在你的谈话伙伴明确要求的情况下，你才可以传达信息。

如果你要传达信息，不妨简明地传达，然后迅速回归到合作模式，把你的行为调整为以倾听和学习为重心。你不妨感谢对方的倾听，并询问对方的意见。比如："谢谢你给我这个机会讲述我的观点，我很感激。对此你有什么补充吗？"

六、意图：假定对方的意图比你想象得更好

苏格拉底和美诺曾有过这样的对话（摘自柏拉图写于公元前4世纪的希腊哲学经典文本《美诺篇》）。

苏格拉底："你认为有人追求善，有人追求恶吗？难道在你看来，不是每个人都想要美好的东西吗？"

美诺："不是的。"

苏格拉底："难道你想说那些追求恶的人是把坏的当成好的？或者当他们意识到所追求的是恶，他们仍然想要继续追求？"

美诺："我认为，两者都有。"

苏格拉底："什么？你真的认为，人们在认识到事物坏的本质后，还是会继续追求它们？"

美诺："是的。"

苏格拉底："如何追求？想要拥有它们？"

美诺："当然。"

苏格拉底："他们认为这些坏的事物会给他们的后代带来好处？还是坏处？"

美诺："有些人认为是好处，有些认为是坏处。"

苏格拉底："你相信，那些以为坏的事物会带来好处的人，

真的理解这些事物是不好的吗？"

美诺："不，这我不太相信。"

苏格拉底："不知道事物坏的本质的这一类人，没有追求恶，而是在追求他们认为是好的事物，虽然其实这些事物是不好的；他们由于无知，错把坏的当成好的，显然他们是在追求好的事物，不是这样吗？"

美诺："对他们来说，我认为是这样。"

苏格拉底："那对于那些你说他们追求恶并且认为这些坏的事物对后代有害的人，他们很可能知道这些坏的事物也会伤害自己吗？"

美诺："他们一定知道。"

苏格拉底："难道他们不知道，不管谁被伤害，被伤害的那个人都会不开心吗？"

美诺："这个他们肯定也知道。"

苏格拉底："而且知道被伤害的人是不幸的？"

美诺："是的。"

苏格拉底："好吧，那么有人想要自己不开心或者不幸吗？"

美诺："我认为没有。"

苏格拉底："如果没有人是这样，那么没有人追求恶，因为追求坏的事物并且得到它们，只会让人不开心。"

美诺:"你好像是对的,苏格拉底,没有人追求恶。"

人们并不是故意追求坏的事物

在《美诺篇》中,苏格拉底阐明了他的观点——人并不是故意追求坏的事物。人们的行动、信念和渴望都基于他们获得的信息。如果他们所了解的信息不同,他们便会得出不同的结论。例如,过去医生用水蛭来治疗病人,因为他们认为血液过多导致疾病。他们用水蛭吸附在病人身上,因为他们想要帮助病人。他们想做的是好事——改善病人的身体健康——但他们没有获得我们现在所拥有的信息,不知道血液过量与疾病无关。人们都有追求美好的冲动,然而,由于缺乏对事物的全面了解,导致人们无法得出正确的结论。

当你遇到一个同你持不同观念的人,你不妨思考一下他是从何种角度思考问题的。你可能会发现他的初衷是想要帮忙,而非他有多么疯狂或者恶毒。

当分歧产生,我们往往倾向于假定自己的意图和动机优于对方。我们倾向于认为是对方的缺点激发了我们的争论,但这往往是错误的。

如果你提前假定了你的谈话伙伴带有不良意图,那么你的语言会变得刻薄,对方会因此进入防御状态,让你更难倾听对方。

如果你必须对谈话伙伴的意图做出假定,那就只假定这一种:他们的意图比你想象得要好。

下面是可以立即应用的技巧:

1.如果你的谈话伙伴假定你意图不佳,不要浪费时间试图让他改变看法。

相反,把谈话主题从你的意图转向你的理论。比如请对方明确表达对理论的看法:"我一刻都不想看到自己再错下去,如果我的推理出了什么错,请你告诉我。"

2.如果你开始假定对方有不良意图,那么不妨将谈话转为好奇模式。

你可以直接明了地询问对方:"我一直在努力思考你从哪里得出的结论,我认为你肯定知道一些我不知道的东西。你可以告诉我你是怎么得出这个结论的吗?这样我就可以更好地理解了。"

3.承认沮丧。

你可以直接表达你的感受:"我感到很沮丧。我很想了解你从哪里得到的这些知识。我不太明白你的意图。你能告诉我你的意图是什么吗?"这类开放性问题可以给对方留下解释的空间。如果对方没有给出直接的答案,你可以引导对方:"这次谈话你的目的是?你想从中得到什么?"

其实大多数让你感到沮丧的人的初衷都是提供帮助,他们之所以让你感到沮丧只是因为他们站在了传达者的角度而已。

4. 不要滋养巨怪。

在网络用语中,"巨怪"(trolls)是指那些有不良意图并在网上发布挑衅内容的人。不要让他们浪费你的时间,不要按他们的套路走。你可以选择直接屏蔽那些账户。

不要和那些想要激怒你的人互动。不要被迫开始对话。所有谈话的参与方都有权决定是否进行谈话。

七、走开:学会及时结束

我(彼得)花了很多时间研究如何干预体育迷的喜好。比如,如果某人喜欢达拉斯牛仔队,我一直在努力找到说服他们去喜欢新英格兰爱国者队的方法。然而,我的成功率极低。

我曾尝试去干预一个洛杉矶湖人队粉丝的喜好。我的第一个目标是在他脑中灌输质疑,让他怀疑自己是否应该喜欢湖人队;第二个目标是说服他成为开拓者队的粉丝。这位湖人队的粉丝将近28岁,当时我们正在餐厅外等待就餐。

博格西昂:"湖人队的球员甚至都不是洛杉矶人。不是吗?"

湖人队粉丝："啊，没错。"

博格西昂："他们是哪里人？"

（湖人队粉丝做出了回答。）

博格西昂："了解了。我感觉如果他们是洛杉矶人，我可能更能充分理解为什么你是他们的粉丝。我的意思是，你可能对他们更有亲切感，不是吗？"

湖人队粉丝："当然。但是他们是我的城市的球队。这是我的城市。我爱洛杉矶！"

博格西昂："谁不爱洛杉矶？这地方真棒。可问题是所有湖人队的队员都不是来自这里。"

湖人队粉丝："但是他们为这个城市打球。他们为我们打球。所以他们的胜利，就是我们的胜利！"

博格西昂："如果每个湖人队的球员都来自洛杉矶，你会不会对湖人队的支持更强烈？"

（停顿）

湖人队粉丝："你是什么意思？"

博格西昂："我的意思是，如果这个球队的每一个球员都是在洛杉矶土生土长的人，你会对球队更加热爱吗？你会感觉自己和球队的联系更紧密吗？"

（停顿）

湖人队粉丝："可能会。是的，可能会。我想是这样。"

第二章　建立良好关系的七个基本要素

博格西昂："所以他们不是洛杉矶人，你不是应该感到没那么有热情，联系没那么紧密吗？我的意思是，如果他们来自洛杉矶，你会更有热情，但是他们不是洛杉矶人，你的热情不是应该减少吗？"

（长时间的停顿）

在这里，我本应该轻描淡写地结束这次谈话，而不应该继续开展第二个目标，毕竟灌输质疑远比推动人们接受信念或改变喜好要简单。但我仍想要改变他支持的球队，结果，他对湖人的热情翻倍高涨，谈话的主题也变了。他开始防御并且没那么好奇了，因为后来的谈话方向令他心生戒备。

退场

即使一切进行得非常顺利，你也要知道什么时候该离开。

如果你向对方施压，让对方脱离了他的舒适区，就会使对方关闭倾听模式，开启防御态势，结果就是你们的谈话会变得令人沮丧。这有可能让你的谈话对象坚持他原本的观点，对你们的友谊造成伤害。

有时你用尽了话题，感到自己已经说无可说，这时很多人往往会陷入试图"填补"或重置话题的陷阱，其实这时的正确做法反而是应该友好地离开。

人们需要时间来解决质疑，整合信息，琢磨难题和不同的观点，以及重新思考他们的立场。你也同样需要这样的时间。改变他人的思维是一个缓慢的过程，且要在符合对方心理和习惯的前提之下。强迫对方在他的舒适圈外和你交谈，反而会让你丧失反思的机会，给你们带来压力。在相对融洽的时机礼貌地结束一场谈话，可以给双方都提供反思自己观点的机会。

你可以试着以积极态度结束谈话。有时候，一句简单的"谢谢你同我聊天"就足够了。

如何结束谈话

下面是关于何时结束谈话的一些建议：

1. 在你感到生气的时候结束谈话。

如果此时你已经感到气愤，你可能要在更早的时候离开。

2. 呼吸。

当你感到自己开始变得气愤，不妨后退并放慢你的谈话速度，不要试图填补沉默。如果此时深呼吸无法令你冷静下来，那么你不妨直接结束谈话并离开。

3. 如果你感到对方想要结束谈话，你可以感谢对方这次同你交谈。

4. 如果你认为此时你已经使对方对自己的信念有所怀疑，那么这就是停止谈话的好时机。

允许对方自行探索自己的疑问。此时你可以选择离开，或开展新的话题。

尝试解决对方的疑问，也许有一定的教育意义，但更多的时候可能会演变为一种说教。不要对他人进行说教，除非你拥有真正的专业知识，或者对方的观念与科学严重背道而驰。

5. 当你结束谈话的时候，对你的谈话伙伴表示感谢。

你越不想感谢一个人跟你谈话，你越有必要感谢他（当然这也有例外。例如对方是在诽谤或骚扰你）。不愿向对方表示感谢，恰恰能说明你把自己的抵触情绪延伸到这次谈话当中。向对方表示感谢，能帮你在积极的氛围中友好地结束对话。

总 结

现在你已经掌握了基本要素。我强烈建议你先熟练应用本章的技巧再去进行下一章的学习。本章技巧应用的熟练程度直接影响你学习后边的技巧。

无须刻意制造谈话，练习机会出现在每天你与他人的互动中，如你与同事、收银员、服务员、室友、朋友、亲戚等人的对话。

每一次对话都是你练习的机会，帮助你在人际交往中成为一个更友善、更有效的人。现在就开始吧！

第三章
如何干预他人的认知

初始级别：开始改变他人思维的九个方法

干预是指改变或影响他人形成信念的方式。干预的目标是使他人对自己所相信的事物不再充满信心，干预是改变他人思维的起点。也就是说，仅仅通过与对方交谈，你就可以影响他人的认知，并让他人对自己的信念感到怀疑。

正如我们前边所说，如果你仅向对方传达信息，不仅很难干预对方的目标，甚至会让对方更加坚定自己的信念。

想要实现自己的目标，你要学习如何有效利用示范的力量，学习当谈话用词存在分歧时如何避免在没有结果的谈话中陷入困境。

运用本章的初级技巧，你可以将谈话转为学习模式。这时你要注意把重点放在理解对方上，理解对方为什么会有那种思想和信念。然后，你就可以用你的理解，来帮助对方（也包括自己）来正确评估他们自认为了解的东西。要使他人产生怀疑，必须先把质疑的想法种在你自己心里。

最后，本章将帮助你规避许多常见的沟通错误。这些常见的错误会迅速破坏追求真理和开展干预措施的谈话。幸运的是，你可以轻而易举地避免犯下这些错误。

第三章　如何干预他人的认知　▶▶▶

一、示范：用示范创造良好关系

你想让你的谈话伙伴做出什么举动，你就示范出那种行为。如果你想要他回答一个直接的问题，那你就先回答一个直接的问题。如果你想要他耐心倾听，你就要耐心倾听。如果你想要他开始大叫，你就大叫。如果你想要对方转变成开放的态度，你就要先自己转变成开放的态度。如果你想让对方文明，你就要先文明。如果你想要他们拿出证据，你就要先给出你的证据。如果你想要对方听你说的，你首先要听他说。这一建议看上去简单，做起来很难，尤其当对方同你持反对意见时更难，但这是避免谈话脱轨的关键因素。

常见谬论："有人这么认为，我就这么认为"

哲学家罗伯特·威尔逊和心理学家弗兰克·基尔在1998年发表的题为《解释的阴影和浅薄》的论文中，揭示了一种众所周知的现象，即人们倾向于高估自己对事物运作方式的了解。也就是说，我们倾向于认为自己比实际的自己知识更渊博。打个比方，也就是说一个从大博物馆借了很多书却从没有读过这些书的人，认为自己已经拥有了书中的知识，只因为我们可以获得它们，但实际上我们并没有掌握这些知识，因为我们从未真正读过它们,更别提深度学习了。根据这一类比,我们可以把这种谬论称为"图书馆未读效应"。

2001年,两名研究人员——弗兰克·基尔(再一次)和列奥尼德·罗森布里特,在一次实验中揭露了"图书馆未读效应"。他们把这称为"解释深度的幻觉",并称之为"民间科学的误解限度"。他们研究了人们对厕所运作方法的了解程度。他们让研究对象用数字来评估他们对厕所工作原理的解释有多自信。然后,他们要求研究对象口头解释厕所是如何工作的,并给出尽可能多的细节。尝试过解释之后,这些人被要求再用数字评估一下他们自己的信心。然而这次,他们承认远没有第一次自信。他们意识到了自己对"借来知识"的依赖,也认识到了自己本身的无知。

在2013年,认知科学家史蒂文·斯洛曼和菲利普·费恩巴赫、行为科学家托德·罗杰斯和认知心理学家克雷格·福克斯进行了一项实验,结果显示"图书馆未读效应"也适用于政治理念。也就是说,帮助人们理解他们在依赖借来的知识,可以使他们产生自我怀疑,因此会对人们的信念起到调节效果。通过让参与实验的人尽可能多地描述政策的细节,让他们回答这些政策将如何被实施以及它们可能产生哪些影响,研究人员成功将人们强烈的政治观点变为温和的观点。那么,利用这一现象,我们可以在一场干预谈话中获得至少两个非常显著的好处：一是可以让你的谈话伙伴负责大部分谈话，给自己留一些倾听的机会（防止他们意识到你在试图改变他们的想法）；二是他们甚至会在非被迫的情况下自己产生疑问。

示范无知是一个有效的方式，能使"图书馆未读效应"发挥作用。首先，这个效应需要知识的支撑，而你的伙伴很有可能并不了解这些知识（虽然她可能并没有意识到这一点）。所以，如果你希望对方承认他的知识是有限的，那么你可以先强调你的知识是有限的。这有三个显著优点：

1. 使自己避免"图书馆未读效应"，让自己对信息的掌握情况有更全面的评估。

2. 让对方处于也可以大方承认"我不知道"的轻松氛围中。

3. 让对方意识到他实际知道的和他想象中的有差距。

下面是在谈话中应用该策略的几个例子：

你可以说："我不了解将非法移民大规模驱逐出境的细节是怎样的。我想很可能有利有弊，但我真的不知道哪个会更多一点。这个政策会怎样被落实？这政策的成本如何？谁会为它买单？在实际运用时看上去怎么样？我不了解太多具体信息，无法形成对它强烈支持或反对的观点，但是我很乐意听听它的细节。"当你这么说的时候，不用感到害羞。明确邀请对方给予解释，询问具体信息，接着问一些明确的问题，探索对方的了解过程，然后继续坦率地承认自己的无知。在很多的谈话过程中，你越承认自己无知，你的谈话伙伴就越会想要对你进行解释，以更好地帮助你理解。他们越试图解释，就会越有可能意识到自己知识的有限。

如果你的谈话伙伴是移民政策方面的专家，你可能会很受教。如果他不是，他很有可能在你的引导下暴露出自己的不足，因为你在开始时就在示范无知。如果对方已经意识到这一问题，那你可以选择让对方自己琢磨，让这一效应慢慢渗透，而不是继续劈头盖脸地问对方问题。

这一策略不只有助于缓和强硬观点，还能塑造开放的头脑，并且易于掌握。理智而诚实地承认无知是沟通高手拥有的美德。

用示范来创造良好沟通的方式

下面是一些"示范"的方式，帮你让对方暴露出自己的无知。

1. 当你不知道的时候，承认自己的无知。

承认自己的无知并不是一种耻辱，恰恰相反，它展示了你的诚实、谦逊和真诚。你可以在他人承认自己的无知时表示对对方的赞赏。

2. 如果对方拒绝回答你一个直截了当的问题，那就让他问你一个相同的问题，并给他一个简洁的答案（你想他怎么回答，你就怎么示范），然后再马上问他同一个问题。

3. 先于对方示范以下特质：倾听、诚实（承认自己的无知）、真诚、好奇、包容、公正、和善（不假设别人有不良意图）、倾听对方的合理解释、谦逊、幽默、互动、愿意改变自己的看法。

4. 承认自己的不足，请求对方尽可能多地解释他的信念的细节。

请求对方解释复杂的问题会触发"图书馆未读效应"，能使对方（原本强硬）的观点变得温和。询问越多的细节越能证明这一点（例如，针对上述提到的移民问题，你可以问："是由哪个执法部门的分支执行大规模驱逐出境的活动？""这部分的经费预算是从哪个部门出？需要花费多少成本？""目前将移民驱逐出境涉及到的法律规范是什么？""对抗这些法律的最有力论点是什么？""那些被遣散的人被送到了哪里？""存在什么错误吗？"）。

5. 暴露你自己的"图书馆未读效应"。

你可以选择一个对自己而言很重要的话题，然后试着用尽可能多的细节来描述它，对它产生的影响和落实过程尤其要讲得具体。你也可以选择容易在网上找到答案的日常话题或是科学流程来做更多练习，例如你的咖啡机，或是电子元件中半导体是如何工作的等。

6. 示范和善，不说行业术语。

除非你是量子物理学家，不要用"量子"等这种高深术语。

7. 不要示范坏的行为。

如果你想要对方对你文明友好，你就要文明友好。如果你想要对方和善地对待你的观点，你就要和善地对待对方的观点。

二、词语：和对方进入相同的频道

2017年，写出"谷歌备忘录"的谷歌工程师詹姆斯·达莫尔，称因"延续性别模式化观念"而被解雇。应谷歌要求，达莫尔对这家科技巨头存在的问题提供了反馈。他后来在波特兰州立大学的一场公开活动中评论了这一系列事件：

"我在谷歌工作了大约四年，我注意到我们的团队有一些包容性问题，有些人不会去参加我们的集体午餐，或者不会在我们的小组会议上发言，所以后来我去参加了谷歌召开的多元化和包容性会议。不幸的是，这次会议没有说应该怎么使团队中的每一个人都容纳进来，而只是具体谈到了多样性，特别是种族和性别的多样性。他们说，全球人口有一半是女性，谷歌只有20%是女性。他们要求我们反馈这个问题。在来谷歌之前，我在研究生院的时候研究过生物学，我对心理学也有一点了解，知道为什么实际上对科技感兴趣的女性更少。因此我写了这份文件，解释了如果我们想要改变谷歌，使它更受女性欢迎，我们就必须考虑的一些因素,以及写了我们如何解决工作场所中存在的一些问题,并在讨论中去除了性别因素。"

虽然这个例子显示出谷歌公司文化的诸多问题(例如他们的寻求反馈机制,关于多样性,公司管理层只想要一种特定叙述方式的反馈),但其中有一个误解,来自谷歌对"多样性"和"包容性"这两个词的不规范使用。可以理解,达莫尔认为"多样性和包容性"是指提高所有团队成员的参与度,而这显然不是管理层使用这两个词的初衷。由于词语上的误解,达莫尔坦率发表了他的意见,虽然他很有礼貌,但还是被谷歌解雇了。

词语的含义

很多争论看上去好像是关于事物的本质,但往往只是争论双方对词语的理解有分歧。你可以根据一个线索来判断自己是否碰到了这种情况,那就是,你是否想通过查字典来帮自己确认这个词的意思(当然通过查词典来判定词语的含义并不在任何时候都有效,因为人们使用词语的方式是不一样的,而且词语的意思在不同语境中会发生改变)。

有些人可能会表示讨厌政府,他们想要表达自己讨厌政府腐败和官僚主义。另一些人可能会表示喜欢政府,但其实他们想说的是,他们喜欢安全稳定的社会环境,并认可现在的社会服务和基础设施。如果这两类人同时谈论"政府",他们很可能会吵起来。这种争论很恼人,因为它们看上去关乎本质,但引起争论的其实是词语的含义。想要避免这种情况,我们要事先对词语进行定义并达成共识。

定义上的分歧无疑会妨碍有关道德问题的谈话,因为对不同的人而言,词语代表的意思可能天差地别。如果你们双方无法就词语的含义达成一致意见,而这个词语又在此次谈话中占据中心地位(例如真理、福利等),那你可以选择换个话题,或者干脆结束谈话。

如何进入同样的词语频道

这里有些简单的方法可以消除词义上的分歧,以免这些分歧阻碍你们的对话。

1.事先给词语下定义。

比如:"你说的 × 是指什么?""× 的定义是什么?"

2.努力理解词语使用的语境。

比如:"这个词你在别的语境中也这么用吗?可以举个例子吗?""我在尽力理解 × 这个词在这里是什么意思?能不能举例说明一下这个词在别的语境中有同样含义的用法?"

3.沿用对方的定义。

如果你让对方给出定义，那么就在接受他的定义后继续你们的对话。如果你们对对方的定义感到难以接受，那么不妨跳到下个问题或者结束对话。

4.注意词语的道德含义。

我们需要注意含有道德含义的词。很多人会选择相信"这种信念让他们成为更好的人"，然后再寻找支撑这种信念的证据。（他们的道德思维正凌驾于理性思维之上。）例如，道德理由常常遵循这样的模式：乔恩觉得好人都认为 × 是对的。乔恩认为自己是个好人，所以乔恩认为他应该相信 ×。然后，乔恩寻找可以支持 × 的证据并且倾向于认定 × 就是结果，但是他认为他相信 × 是基于他找到的证据。

三、提问：聚焦于具体的问题而非笼统的话题

苏格拉底非常善于消除他人的错误观念。而且，他并非靠辩论，而是靠深思熟虑、有针对性的询问来达成这一目的。下面是苏格拉底提出的几个问题，选自他的学生柏拉图所著的多篇对话录：

什么是人？什么是有道德？（《申辩篇》《美诺篇》）

什么是勇气？（《拉凯斯篇》）

什么是正义？（《理想国》）

为什么要守法？（《克里托篇》《理想国》）

什么值得付出生命？（《申辩篇》《克里托篇》）

什么情况下惩罚是合理的？（《高尔吉亚篇》《克里托篇》）

个人责任有多重要？（《高尔吉亚篇》《理想国》《法律篇》）

什么是最好的生活？（《理想国》）

我们对他人有什么义务？（《理想国》）

在上面每个例子中，苏格拉底都围绕着一个清晰的问题提出询问。他的谈话是可控的，因为他始终专注于同一问题。一旦对话偏题或者变得模糊，他就会回到最初的问题。

精准的问题

如果你提出了一个开放式的问题，那么就要允许对方用自己的话详细说明他的想法（而不是用一个词回答，比如"是"和"否"）。人质谈判专家克里斯·沃斯把开放式问题称为"精准的问题"。一个精准的问题通常用"怎样"或"什么"来开头。不同于那些用"能不能"或"是不是"来提问的问题，使用"如何"和"什么"来开头的问题不会得到是或否的回答。你可以用"这个好看吗？"来取代"你觉得这个怎么样？"当你内心抱有疑问，不妨用"怎样"或"什么"来问问题。

优秀的医生为我们提供了"精准的问题"的范例。经验丰富的医生不会问:"你觉得痛吗?"他可能会问:"你能告诉我,你现在有什么感觉?比如感到疼痛?"

封闭式问题会收到一个词或非常简短的回答,无法触发深入的谈话,甚至会让谈话变得尴尬。辩护律师在盘问证人时经常会使用这种问题,试图将证人逼入绝境。你想被对方盘问吗?当然不想!没有任何人想这样。但是,当对方不再坦率相待的时候,你可以用封闭式问题,让对方不得不说出他内心的答案。

如何在谈话中提出"精准的问题"

1. 一旦你们选好话题,就可以将话题范围缩小,然后以问题的形式清晰地表达出来。

你可以先询问对方:"为了说得更清楚些,我们谈的问题是 × 吗?"在得到对方的回答后再调整你的问题,或者通过复述提问确认你对问题的理解。在类似的情况下,封闭式问题很有效。比如:"好的,我明白了。所以我们谈的问题是 ×,对吗?"但只有当问题设置好之后才可以这样用。

如果对方不同意你的问题,你可以询问对方:"你认为这个问题应该是怎样的呢?"或者"你会怎么表述这个问题呢?"

注意，这两个都是"精准的问题"。

2.一旦你们的谈话跑题了，要把谈话拉回到最初的问题上。

你可以在发现跑题的时候这样提示对方："我们讨论的是×，可以的话，我们还是回到这个问题上吧。""我们一开始谈的是×，但不知怎么的，我们中途跑题了。我们可以回到×上来吗？"

如果此时你想开启新的话题方向，那么在开启新对话的时候，你要努力提出另一个清晰的问题。

3.保持真诚。

最好的问题能让人看出你是真心想探讨问题，而不是想通过提问达到某种目的。人们渴望真诚，不相信骗人的把戏，你的问题会表明你的态度。

4.不要把陈述伪装成问题，避免提出带有某种目的的诱导性问题。

例如："你如何看待共和党人对穷人困境漠不关心的问题？"表面上看这是一个"精准的问题"，但其实具有"诱导性"，因为它假定对方也赞同共和党对穷人很冷漠。这是一种不真诚的沟通方式，因为你在假装自己并非在争论（但实际上你是），假装你没有某种目的。如果谈话对象的观点与你假定的不一样，这种问题可能会产生相反的效果。

5.用"怎样"和"什么"来提问。

开放式的"精准的问题",让对话有机会朝着你期望的方向发展。除非你想澄清问题、阻止对方混淆视听,或者向谈话伙伴求证你正确理解了对方想法,否则应当尽量避免封闭式问题。

四、找到双方的共识:告诉别人你的关心程度

在美国南部,有一句可能是从销售行业改编而来的谚语:没人关心你知道多少,直到他们知道你有多关心他们。

这句谚语表达的意思是:人们只有在下列情况下才会关心你知道什么——要么你非常热情(你对谈话主题非常感兴趣),要么你很关心你的谈话对象。这两种解读都有道理,但对于改变对方的观点来说却没什么用。

热情会让你愿意听别人说话,但很少能让别人觉得他们应该听你说话。热情常常会造成相反的效果,让你看上去像一个狂热分子或是不切实际的人(比如你曾遇到过的大街上的传道士)。同样,人与人之间的信任不足以消除道德上的分歧。就算你的谈话伙伴能出于关心听完你的话,也不代表他们会认同你的观点。

那么我们应该如何在道德层面应用这句谚语?解开这句谚语之谜的钥匙是,认清"关心"这个动词真正的宾语。从谈话

伙伴的角度出发，这句谚语说的不是"关心话题"，也不是"关心谈话的人"（尽管这是一个重要因素），而是关心正确的事情。这句谚语说的是价值观的表达。

这句谚语破译过来就是：想让对方跨过道德观念的分歧，对你产生信任，你必须能够表明你关心你的谈话伙伴，尤其是关心他所关心的价值观。即使对方不认为你拥有和他相同的道德观念，但他在信任你之前，必须得看到你不是站在他们的对立面。如果你不能做到这一点，没有人会关心你要说什么话（或者你为什么这么说）。明白这一点，是让谈话跨过道德分歧的关键。

建立这种信任很难，也需要花费时间。本书提到的技巧和方法会帮助你学会如何证明你是值得信任的。与此同时，如果你不能把自己和"你方"最让交谈对象害怕的人区别开来，你就永远得不到他们的信任，他们不会关心你知道什么。

如何将劣势转为优势

对于政治和道德方面的谈话，找到双方的道德共识往往很有帮助。

在传媒高度发展的今天，同你分属不同派别的谈话伙伴可能会很不公平地把他对于"你方"的看法投射在你身上。极端主义会滋生集团主义、两极分化、无端怀疑、不信任、戒备以及不公平地丑化另一派的观点，甚至会诱导人们用极端来对抗极端，但是，有方法能化劣势为优势。

找到共识这一点可以方便迅速地跨过几乎所有的道德分歧。这有助于对方意识到：你承认你方存在令人难以容忍的问题，但同时你不为这些问题开脱，也不是狂热分子。这种认识有助于缩小彼此观念上的鸿沟，让对方把你和你所属的道德派别区分开来，有助于确定你和对方之间的共同点。

五、管理社交媒体：避免产生相反的结果

我们在推特上发过这样的信息：

"我一直不明白为什么有人会对自己是个同性恋感到自豪？为什么有人会对自己不曾付出过努力的事情感到自豪？"（博格西昂）

"为什么第三浪潮的交叉女权主义者几乎个个都身体虚弱，而且体型很糟糕？"（博格西昂）

我对于自己过去在社交媒体上提出挑衅问题，然后期待文明的讨论的行为由衷感到愚蠢。挑衅和文明不会同时出现。在上述情况下，我不仅没能达到期望的效果——让人们更深入地思考他们的观点，反而造成了相反的效果。大家认为我们是混蛋。

避免在社交媒体上进行攻击性交谈

本书中提到的策略更适用于面对面的互动，目前尚不明了这些方式和策略能在多大程度上适用于网络环境。在社交媒体上对话可能会让你在发泄的时候感到爽快，而且也不要求你在当下即时回复，但社交媒体也会让本来就困难的讨论进入"艰难模式"，损害对话双方的关系，让整个交流环境变得更糟。

当我们面对面交流的时候，我们往往能轻易地读出对方的语气、肢体语言和面部表情。而文本交流却剔除了这些重要提示，同样的文本表述可以解读成各种不同的意思，但倘若我们面对面，这个问题原本只靠语气就可以解决。

此外，在口语中将重音放在不同词语上也会造成句子意思发生改变。这个细微的差别可以在口语中轻松了解，但在文本中却需要靠猜测。如果你猜错了，你们的谈话可能会偏离轨道，变成没有意义的争执。

这些问题使得文本沟通变得困难，即使是私人交流也不例外。并且，在公开的社交媒体上一个话题有着各种不同的动态走向，这些因素使得社交媒体上的对话比纯文本交流更加困难。

让问题更复杂的是，每个社交媒体平台会因其特殊的基础架构而带来特殊的挑战。推特的内容几乎是完全公开的，所以你要把"不要在推特上辩论"当成一条铁则。你可以把发推特想象成站在舞台上向大量观众用极短的爆炸性话语演讲。如果有人在剧院的顶层楼座向你发难,你不会想和他辩论。

比起推特,脸书更注重个人的社交圈。这让脸书像一场家庭聚会,你碰见过的任何人都可能出现在这里。你的祖母或同事可能不想看到你和大学时期的老朋友争得不可开交,互揭隐私。每个平台都有吸引和满足特定受众的基础架构。如果你控制不住自己,一定要发泄出来,你必须了解你的观众是谁。

关于在社交媒体上交谈,还有最后两个要点。第一,人们在社交媒体上发布某些内容时,除非他们明确表明,否则他们很可能不希望别人来纠正他们的观念。通常,他们是想让别人认可他们的观点。如果他们分享的内容使自己愤怒,他们也是想让别人感到同样的愤怒。如果他们发布了一个自己认为足以在个人主页发出来的观点,他们可能是想让别人也了解一下,而不是邀请别人提出批评(也就是说,他们是信息的传达者)。相应地,如果你不赞同某个脸书动态,你可能会经历内心冲突——即外来信息与你的世界观不符所产生的不适感。这种冲突会刺激你去指正别人的观点;你可能会想,你是在修正他们错误的理论,是在帮助他们。但是,这很可能会引起争执,最后伤害你们的关系,而对方的观点会变得更加牢固。

第二,社交媒体上的交谈发生在数字化的公共空间。这些场所造成了巨大的障碍和复杂问题。更重要的是,人们在进行公开谈话时，他们就面临着自尊受损的风险；因此，他们往往会在公开讨论的时候固执己见。想象一下，你在一群人中会比私下一对一讨论时更加卖力地论证自己的观点。由于人们认为改变自己观点或"输掉"一场辩论是一种耻辱，很多讨论的主线最后严重脱轨也就不足为奇了。

另外，在社交媒体上沟通的优点主要有两个：第一，数字化的文本交流虽然有很多缺陷，却不会被时间和空间限制。如果你能上网，就可以随时和几乎世界各地的人进行低成本的即时交流。第二，你有时间思考对方说话的内容以及让自己冷静下来。这些都是切实的优点，但还是要记得，了解公开和私人对话的区别，在对话开始之前，要把可能引起争议的内容放在私下再谈。

在社交媒体上交谈的最佳做法

以下是在社交媒体上互动的简易指南：

1. 记住当一条动态显示"已删除"的时候，它仍然保存在服务器里。发动态之前，一定要记得你发的东西会被保留很长、很长的时间。

2. 不要在生气的时候发动态（或者回复邮件，甚至不要参与线上聊天）。

如果某人的回复让你非常生气，你应该等完全冷静下来后再回复。

3. 在社交媒体上，你并不需要回复每一个引起你注意的人。

4. 不要在社交平台上公开辩论。

公开的社交平台特别容易诱发网络暴力，也就是很多人联合起来攻击他们认为有过错的人。

5. 不要在脸书的个人主页谈论宗教、政治和大部分哲学内容。

脸书独特的社交环境不适合讨论宗教、政治和大部分哲学内容。

6. 如果你完全控制不住自己，可以匿名注册一个推特账号，然后用这个账号宣泄怒气。

不要在推特里直接@任何人的名字（这通常是一种辱骂），必要的话可以在每句话后面加上感叹号，释放你的怒气。

六、多谈贡献、少谈指责：客观看待问题有助消除冲动

唐纳德·特朗普这个毫无从政经验的房地产大亨兼电视真人秀明星是如何在2016年当选上美国总统的？似乎每个人都"知道"，而且每个人都认为是别人的错。总统大选结束后，

"每个人"开始指责"其他人"。

这些受到指责的人是如何回应的呢？他们否认自己有错，并把矛头引向其他人，他们会问："那某某人呢？"很多被指责的人甚至变本加厉。比如，大部分进步左翼分子还坚持认为普遍存在的性别主义或种族主义才是特朗普胜选的决定因素。有些人则指责一整个种族群体和一类性别的人（总体上来说是男性，尤其还有白人女性）都要为希拉里的败选负责。这些人更坚定地认为我们的社会充满了性别和种族歧视，然后责怪拥有特权的群体是共犯，却不去反思他们自己的身份政治观可能帮助特朗普获得了胜利。《时代周刊》在大选结束后刊载了一篇社论，称此次选举的结果是"白人男性的复仇"。这句话说得浅显一点就是：这种过于极端的身份政治造成了特朗普的胜选。这种指责，不论谁指责谁，都不能在相互敌对的政治派别之间建立更好、更良性且更平和的对话。

指责会抹杀善意，让被指责的人立即采取戒备姿态，融洽的关系也因此瓦解。当坏事发生时，没有人想被指责，特别是当这件事的过错方不全是他们的时候。被指责的人通常不会坦率地讨论问题，而是试图改变谈话的方向——否认他人的指责、降低问题的重要性或对指责进行反击。例如，几乎所有电视新闻上的论点都充斥着"转移视线主义"。权威人士和评论员会激动地问质问对方相似的情形，以此转移指责的矛头。

哈佛谈判项目指出，有一种有效的方式可以取代在谈话中引入指责的做法，即邀请人们共同寻找贡献，而不是指责。也就是说，与对方共同努力，对所发生事件的全貌有一个更为全面的了解，以便你们寻找到能解决该问题所有方面的方案。大多数问题都不是由某一方单独造成的，然而指责却是单方面的。

指责通常是由一个人施加给另一个人。例如："是你干的！"确定贡献则是用合作和互动的方式更全面地理解事态形成的方式，这种理念是关乎理解和前瞻性思考的。当我们了解了造成我们所处状况的一系列因素后，便是进一步解决问题的理想时机。

我们的道德分歧因党派之争而扩大。当保守派把问题归咎于自由派，或者自由派指责保守派时，他们都是想让对方当替罪羊，这反过来加剧了党派之争。如果我们采取寻找贡献的方法，就可以避免上述后果。

如何从指责转向贡献

下面这些简单的方法可以帮助你从指责转向确认贡献：

1. 使用"导致"这个词。

例如："什么因素导致了 X？""你认为是什么导致这种情况的发生？"（注意，这些都是精准的问题。）

2. 避免使用"X 造成 Y"这类句子。例如：右翼媒体造成了共和党投票支持特朗普。

"X 造成 Y"更像是一种指责。在政治和社会动态的复杂系统中，很多因素可能都有贡献，这些因素是原因，但不是唯一的原因。

3. 如果有人指出你方的不端行为时，不要说："大家都是这么做的。"

这句话是一句指责，会引起对方的防御态度。相反，你可以说："是的，你说得没错。他们有时确实会这么做。"承认真实的情况，但不要转移指责的矛头，然后到此为止。

4. 如果当你面临不得不问责对方的情况，不妨直接向对方指出问题，并邀请对方对这个指责进行辩护。比如："我实在忍不住想把这个问题归咎于他们，你可不可以解释一下他们是用什么样的逻辑为自己的行为辩护的？"

你甚至可以请他们分享一下对你方行为如何导致这个问题的看法。如果你能客观地看待问题，你也将消除指责他们的冲动。

七、专注于认识论：通过技巧影响他人

认识论，名词，指关于知识的理论，特别是知识的获取方式、

正确性和范围。认识论就是在研究确证信念和观点的区别。

下面这段对话发生在俄勒冈州波特兰市的哥伦比亚河惩教所（CRCI）。哥伦比亚河惩教所是一个预备释放机构，囚犯在重返社会前将在这里度过最后的服刑期。

彼得在这里教授一门为期十周的课程，该课程的目的是培养囚犯的批判性思维和道德推理能力，从而让他们停止犯罪。

博格西昂："什么是正义？"

囚犯6："支持你所相信的信念。"

博格西昂："要是你的信念很荒谬怎么办？要是你的信念和那些想杀掉美国人的疯子一样怎么办？或者，要是你有恋童癖怎么办？"

（20秒的沉默）

囚犯6："我认为如果你能自食其力，不在意别人对你的看法，而且你愿意为信念而战，甚至付出生命，你就是一个真正的人，不管你的信念是对是错。"

博格西昂："所以一个人无论如何都必须坚持自己的信念吗？假设你在军队中，例如在卢旺达，上级命令你屠杀当地人，而你有这种扭曲的忠诚观，于是你坚持信念，为了国家或部落什么的，开始屠杀胡图族或者图西族平民，这种情况又如何？

这是正义吗？你会因此成为真正的人吗？"

囚犯5："是的，越战的时候就有这样的事。"

囚犯4："你在说什么？你是说正义不是坚持自己的信念吗？"

博格西昂："我没有这么说，我是在询问，什么是正义？（囚犯6）说正义就是坚持自己的信念。但正义真的就是坚持自己的信念吗？你不需要先相信正确的东西，然后再坚持吗？不需要吗？"

囚犯6："没错，也许吧。"

在这段对话中，囚犯们相互质疑他们的认识论。他们在质问对方——他们是如何知道他们自认为知道的东西的。

声称知情

本书包含一个深奥的术语：认识论。认识论是对认识的研究。我们经常会在谈话中犯这样的错误：专注于人们声称他们所知道的东西（信念和结论），而不是专注于他们是怎么得知这些的（他们得出理论的过程）。

让我们来探讨一个应用认识论的例子。比如，有些人声称堕胎是谋杀。"堕胎是谋杀"是一个结论。你可能想要辩驳或同意这个观点。在这之前你不如问问自己，对方是如何得出这个结论的。他得出这个结论的方式就是他的认识论。你可以通过一些简单的问题："你是怎么知道堕胎就是谋杀的？"然后听听他的回答。

通常，对方给出的理由都被包含在下面几个类型里：

1. 个人经验和感觉（来自他内心关于对错的认识）。
2. 文化（他所处环境的"每个人"都认为这是对的）。
3. 定义（基于他的定义方式。例如，因为"任何东西吃太多都不好"，所以"吃太多西蓝花不好"。）。
4. 宗教信仰。
5. 理由（可以被推理出来）。
6. 证据（有足够证据来证明这件事）。

想要理解你的谈话伙伴的认识论，首先，你要找出他认识论的基础属于什么范畴。然后，你可以深入了解这背后的细节。

例如，如果一个人认为堕胎是谋杀，他的理论来源可能是来自宗教。或者，他可能会说："我妈妈差点就去堕胎了。如果她堕胎，我就不可能在这儿了。"那么他的理论就是基于个人经验。再或者他可能会说："你让一个人的心脏停止跳动就是在谋杀。"那么他就进入了定义的范畴。

一个信念的背后可能同时存在很多因素，你可以通过更多的问题得到更深入的理解。通常情况下，信念由上述一种类别的理由作为主要支持，但至少还有另外一种理由同时做支撑。例如，如果某人基于他的宗教信仰得出一个结论，宗教就是这个结论成立的主要因素（即使一些更深入思考的信徒会淡化宗教甚至是证据的作用，转而去证明他们的信仰和进行推论）。

专注于认识论，而非专注于对方的结论，让我们可以免于受到对方防御体系的攻击（因为人们在自己的结论受到挑战时，早已建立了一套实际反应，用来应付自己经常听到的争论）。专注于认识论可以使人们解释他们是如何得出自己的结论的，为预设的信息提供了新的路径。

如果你挑战了某人的信念，你可能让对方对你产生戒备，如果你质疑他们产生信念的推理过程，对方产生戒备的可能性会小很多。挑战对方的信念，有使对方变得戒备和独善其身的风险。专注于认识论，可以避免上述很多问题，因为人们在自己的认识论遭到质疑时，比自己的信念遭到质疑而感受到的威胁要小得多。

讨论人们如何获取知识的几个简单方法

下面是一些简单的方法，可以帮助你发现谈话伙伴是如何获取他所了解的知识的：

第三章　如何干预他人的认知

1.在探究某人的认识论之前，先做一个简短的、正面的陈述。

你可以像这样询问对方："这是个有趣的观点。是什么让你得出这个结论的？""这很酷。我想我理解了，但是我不是很确定这是什么原理？"你可以向对方提出精准的、邀请式问题（"是什么让你得出……""这是什么原理"）而不是提出非精准的问题（"给我解释一下""你能告诉我……"），这能让对方更愿意与你分享他的想法。

2.询问"外行问题"。

外行问题可以帮助人们从外行视角审视自己的信念。你可以询问对方："每个理智的人都会得出同样的结论吗？"如果对方表示认同，你可以继续向对方发问："但我很难得出这个结论。我该怎么做呢？"或者说："怎么会有这么多不同的看法呢？我的意思是，为什么两个人看到同一个证据，他们会得出两个不同的结论？人们怎么确定谁的理论是真，谁的理论是假呢？"

如果你在提问的时候淡化"你的信念"，将能更有效避免激发对方的防御心态，比如你可以这样问："许多住在（某地）的人都认为（另一个相矛盾的信念）。他们会对这个信念怎么想呢？""如果持有这种信念的某个人在世界上另外一个地区出生并在那里长大，他们又会相信什么呢？"这些问题会使人们从另外一个不同的角度审视自己的观点，反思自己的认识论。

3.在疑问中开始你的谈话。

你不妨在感到沮丧前以一种学习的态度先问问自己我的谈话伙伴是怎么得出这个结论的？他们的推理过程是什么？为什么会有人相信这个？别人觉得这是个好想法的原因是什么？如果有一个外部的观察者，他对这一主题没有任何个人意见，他会怎么想？对方的信念有自己的推理过程来支撑吗？

4.如果对方的理论毫无意义，那么有很大的可能对方这样推理是在为一个（道德）信念辩护，而这个信念无法通过其他方式证明。

你可以这样询问对方："这个推理过程也适用于别的事物吗？还是只针对×？""你在其他问题上也会运用同样的推理过程吗？可以给我举一个例子吗？"你可以询问对方是否在别的问题上也应用这一推理，如果得到肯定的回答，你可以邀请对方同你分享最佳案例。

你可以再接着问："如果两种推论确实有所不同，是哪里不一样呢？"这里的重点是让你的谈话伙伴专注于他自己的推理论证。

5.试着从他们的推理过程中得出其他结论。

下面是一个例子。这是贝丝的推理过程：

敌人在平民生活区放置了高射炮。

炸毁高射炮会导致平民死亡。

所以,我们不应该炸毁高射炮。

贝丝的结论是:"因此,我们不应该炸毁高射炮。"下面是从同一个前提下得出的另一个结论:

敌人在平民生活区放置了高射炮。

炸毁高射炮会导致平民死亡。

因此,更紧急的是,我们需要拿出高射炮,

在问题变大到不能忽略之前,

防止敌人扩大战斗,伤害更多的平民。

八、学习模式:让双方软着陆的隐藏王牌

我们经常会犯这样一个错误,忽视谈话中的隐藏王牌——学习机会。无论谈话主题是什么,它多少都可以让你受益。如果你不能与对方共同寻求真理,不能干预对方的想法,那么你就可以转换到学习模式。学习模式可以让双方在沟通中软着陆,让你获益匪浅,或至少能让你在积极氛围中结束这次谈话。

用学习的态度和与你持不同观念的人沟通，可以让对方有被倾听的感受。就算一个人多么固执己见，他也是希望被人倾听的。一旦对方感到被倾听和理解，那么你们就更有可能达成富有成效的双向对话，或者至少，你可以了解对方得出结论的原因。

这尤其适用于教条主义者，因为他们倾向于把自己的原则定为无可争议的真理。当你试图与一个教条主义者沟通时你可以直接采取"向他学习"的方法，学习他们思考的方式，即试图理解他们信念来源的认知过程。这样，你就能在未来的讨论中拥有更好的立场，同时也能磨炼自己的沟通技巧，你甚至可以利用他们自身的"图书馆未读效应"，让他们质疑自己信念背后的认知过程。

学习模式会使你获益良多，你的谈话伙伴拥有和你不同的视角，他会拥有不同的假设、不同的经验、不同的信息，而这些你可能都不了解。在学习模式下，你们双方谈话时也会更加富有成效。

转变为学习模式的谈话技巧

下面是一些简单易操作的谈话技巧：

1. 学习了解你的谈话伙伴的认识论。

通过向对方提问"你是怎么知道的？"或"你是怎么得出那个结论的？"，让对方展示他们是如何知道自己认为自己所知道的事情的。

2. 明确表示出学习意愿。

用真诚而非居高临下的态度向对方询问："我想学习一下，你能告诉我关于 × 的其他知识吗？这样我就可以了解你为什么会得出这个结论了。"

3. 如果你们的目标是良好的沟通氛围，那么不妨果断采用学习模式。

如果你只是想安然度过一场家庭聚会，学习模式将是你的紧急通道，可以让你们的谈话氛围始终友好。

九、不可为的事（反向应用法）

下面列出的这些行为经常会让你的谈话走入歧途。

需要避免的沟通行为

1. 不礼貌或不文明。
2. 显示出愤怒。

3. 提高你的声音压过对方讲话的声音。

4. 有意不尊重对方。

5. 奚落或责备对方。

6. 嘲笑对方。

7. 在理解一个立场之前就攻击它。

8. 表现出不愿听对方的观点。

9. 恶意揣测对方的话。

10. 在对方不理解问题的时候，指责对方愚蠢。

11. 因为对方犯错误、寻求帮助、咨询信息或反馈就惩罚对方。

12. 抨击对方的猜测行为。

13. 攻击持有不同信念的人，而不是反对他的信念。（例如："只有白痴才会相信这些。"）

14. 认为对方无知、无能、消极。

15. 对自己不诚实。

16. 假装知道你不知道的事。

17. 不能坦然说出"我不知道"。

18. 专注于对方的结论，而非专注于对方的认识论。例如："死刑不是谋杀，是那些人应得的刑罚。"而非"如果有人认为死刑是公正的，他的理由是什么呢？"

19. 因对方的肤色或其他不可改变的属性否认对方的认知能力。

20. 在面对对方给出的新的具有说服力的证据时，不愿改变自己的想法。

21. 含糊其词（尤其是当对方问你直截了当的问题时）。

22. 像传达者一样单方面传达信息。

23. 不能承认自己的无知。

24. 坚持表示你方极端分子的行为是有道理的。

25. 纠正对方的语法错误（这很烦人）。

26. 叫停对方的道德违规行为时，打断对方、转移或直接终止对方的谈话进程或内容。

27. 打断别人。

28. 替别人把话说完。

29. 强迫对方与你交谈。

30. 被迫与对方交谈。

31. 对话时看手机。

32. 说自己与名人相识来抬高自己。

33. 态度消极且抱怨。

34. 自吹自擂。

35. 拒绝结束谈话，直至彼此的沟通桥梁崩塌。

总　结

　　本章中最重要的一个技巧是，学习如何找到人们是如何知道他们声称自己知道的事情的（即学习理解别人的认识论的方法）。其他的技巧则可以看成是促进获得该理解的方式。如果所有其他技巧都失败了，就转为学习模式。要明确地表示你想要了解对方是如何知道 × 事物的，并使用精准的问题来寻求对方的帮助。如果没什么意外，你将会了解到人们思考和推理的方式。这一理解将极大地有助于你应用高级和专家级干预技巧。

　　最后，本书所有章节的技巧都是递进性的。熟练掌握前面章节的技巧后再尝试更高级的技巧会更有效。干预技巧尤其如此，因为尝试在他人信念中灌输质疑是一件复杂的事。

第四章
提升干预手段的七个方法

改变思维（包括你自己的思维）的有效技巧

成功干预他人信念通常需要更多原则和技巧，本章中讲述的技巧会让你可以更有效地改变他人的想法，但是想要成功运用本章的技巧，一定程度上取决于你是否熟练掌握前边的内容。也就是说，你要把本章的中级技巧融合进你之前学习过的所有内容中。

本章中我们讨论的一些技巧将会在情感领域发挥作用，这些技巧可能会要求你行使理性的判断克服自然的冲动。需要你评估你的谈话，并根据具体情况进行调整。

在本章中，你将学到如何干预他人的认知、帮助他们修正自身信念的战略，其中一些技巧可能需要你克制你的情绪。同时，你需要搭建"金台阶"，让你的谈话伙伴能安全地改变他的想法，你要抛开自己的沮丧和自以为是，压制自夸的冲动，如果对方的理由充分，你要做到能当场改变自己的想法，而这也意味着你需要抛开自尊。

本章中也包含引入数值等级，量化进展等技巧。数字对于澄清分歧点非常有用，甚至可以帮助人们改变自己的信念。

想要做到能实时重新组织谈话，让谈话不偏离正轨，需要将倾听和学习技巧成功地结合起来。向外部求助意味着你需要认识到有些事实是在你专业知识范围之外的。你要抛弃虚假的自尊,不要试图隐藏自己的无知。相反,这需要你拥有强大的自信,有勇气承认自己所不知道的事物。

一、允许朋友犯错

不要把友谊与意见一致画上等号

良好的人际关系会让你感到健康和快乐。有意义的人际关系并非取决于观念的正确性,而是主要取决于可靠、善良、诚实、美德、同情、良好沟通、相互关心和善意、真实性、共同兴趣等因素。

而上述这些因素,大部分与政治或宗教观点毫无关联。仅建立在宗教或政治共识上的友谊很少是可以持续的,直到你们找到更深层次的关系实质。因为随着时间的推移,双方意见上的微小分歧会逐渐显现,而关系薄弱的人们往往会变得更加戒备森严,一点微小的差异就可能威胁到这种关系的唯一基础。

为什么要因为意见不一,尤其是在政治观点方面的意见不一而放弃一段友谊?

当别人不赞同你的观点时,你该怎么办?很简单,允许他人犯错。尤其是要允许你的朋友犯错,并压抑自己想要纠正对方或者与对方争论的冲动。

纠正他人并不会带来什么好的效果,反而会破坏你们的友谊。人们持有的不同信念的原因有很多,从文化、个人经历到无知等都有可能。如果有人用错误的观念来解释自己的行为,这并不意味着他就是坏人,只能说明他的推理是错误的。

如果你选择和一个朋友讨论一个问题,而你们对这个问题有着实质性的分歧,这对你们来说是一个发展更深入关系的机会。那么我们不妨从倾听开始。确保你真正理解你朋友的观点,以及他得出这个结论的原因(当你这样做的时候,要把他的观点和原因重复一遍,问他你是否理解正确),要表示出你关心你朋友信念背后的价值观。不要为了争论对错而罔顾你们的关系。如果你对这条建议仍不以为然,那么请记住,你能影响一个持不同立场的人的最好机会就是通过友谊影响对方。正如亚里士多德所说,友谊对于美好生活而言是必不可少的。

如何允许朋友(和其他人)犯错

1. 告诉对方"我听到了"。

当争议问题出现,你要允许你的朋友表达他的关心,而不要谴责、纠正、反驳。倾听对方可以缓解你们彼此之间的紧张局面，不妨给你的朋友一个分享他的情感、并对你产生信任的机会。

告诉对方"我听到了"能让对方了解到你在倾听。当你不确定接下来要说什么的时候，也可以使用这句话。

2. 向对方坦言你的不理解。

告诉你的朋友是你没有理解对方的观点，而非对方的观点是错的。你不必非要通过同意对方的观点来承认理解他的观点。

3. 如果你朋友有一个破坏原则的信念，那你应该努力和他谈谈。

在私下诚恳地告诉对方你觉得这种信念让人不安，想要跟他谈谈。可能这个信念会造成你们之间不可调和的分歧并最终结束你们的友谊。与其彼此心怀不满不如与对方交流一下你们不同的思考方式。最重要的是，要保持友好。

4. 记住那句有名的有关婚姻咨询的格言：你要是一直做个正确的人，就无法步入婚姻的殿堂。

健康而有意义的关系经常会因为一个顽固的需求而被破坏，这个需求就是想要感到自己是对的，想要纠正他人的行为。你应该允许朋友犯错。

二、搭建金台阶

"金台阶"是一次成功的沟通中不可或缺的要素,是指一个让你的谈话伙伴能从容改变自己想法,且不必面对尴尬的方法。

你可以通过以下的方式搭建你的"金台阶"。

告诉对方:"每个人都会犯错;人们犯了许多错误进而改变想法,最后获得了专业知识;我们都只想为彼此争取最好的,并且正在尽我们所能地处理我们认为是对的事情;这是一个极其复杂的问题,而且关于它存在太多的困惑。"

这些话为你的伙伴提供了一个"逃生出口",让他可以远离尴尬或羞辱场面。此外,根据你们过去的互动经历,如果他们发现你会为他们搭建"金台阶",他们将更有可能改变主意。如果你正在和某人进行激烈讨论且你的观点更为准确,此时搭建"金台阶"的反面典型例子是,指责对方说:"我已经告诉过你了。""你花了那么长时间才弄明白这一点,真难以置信。"

如果承认错误是有风险的,很少有人愿意承认他们的信念是错误的,尤其是当这个信念与他们的身份认同感息息相关的时候。例如,那些认为疫苗是危险的、不应该给孩子注射疫苗的人很难承认这是一种安全的养育方式。如果你为对方搭建一个"金台阶",比如和对方说:"是的,考虑到最初发表的那个研究，接种疫苗导致自闭症的确有理由令人担心。"这个方法可以减轻对方的压力，使其更容易承认自己的无知或修正自己的信念。

如果对方认为自己对某一特定问题很了解，或者认为改变想法可能会挑战他的身份认同感，"金台阶"就显得尤为重要。因为他们可能会因为骄傲、焦虑、害怕或尴尬等原因继续为一个错误的结论辩护，而不愿意修正错误。

搭建"金台阶"的方式

1.把你想听的话说给你的谈话伙伴。

如果你脑海中有你想听到的特定词语，你认为它们会引起对方的共鸣，那么不妨对对方也说出这些词。有时，即使是一个简单的"酷"字，也可能成为你需要的"金台阶"。

2.不要对"金台阶"收"过路费"。

不要在你给出台阶后又惩罚对方。不要对对方说："到时间了！""我早就告诉你了！"让他们优雅地走下台阶吧。

3.不要让别人难堪。

不要对对方说："你本来就应该知道这个。""不敢相信你竟然没想到这些。"不要因为某人过去曾让你反感就对他不友善。不妨把羞辱对方想象成向对方投掷一枚手榴弹。手榴弹会损坏或炸毁台阶,它们不会搭建台阶。

4. 当你感到被对方攻击时,就搭建一个"金台阶"。

当你认为别人在对你进行攻击,不如引导对方把他的攻击方向转向你们的议题。倾听,但不要反击。如果有人对你说:"我不敢相信你会如此无知,不明白枪支是如何杀死这么多儿童的。"你可以这样回答对方:"我在枪支管制问题上的立场可能会让有些人认为我不关心儿童。我了解人们对儿童福利和安全的担忧。事实上,我也有同样的担忧。我想找到一个解决办法,可以让孩子们和其他任何人一样安全。我们怎么才能解决这个问题?"通过再度阐释问题,你重新构建了对话,同时为你们的谈话搭建了一个"金台阶"。

5. 搭建"金台阶"可以避免愤怒。

如果你们的谈话很激烈,不妨给彼此一个冷静下来的机会。承认你的沮丧能给你们的谈话带来金台阶。你可以和对方说:"我知道,这些问题真的很令人沮丧。它们也让我很沮丧。"这些金台阶起着逃生门的作用,让人们有机会以自己的速度咀嚼消化新的信息。

6. 通过明确表示同意来搭建"金台阶"。

如果你的谈话伙伴说:"我希望每个人都能公平支付税款份额,并和其他人一样遵守同样的法律。"你可以回答对方:"我同意。我们比想象中拥有更多的共同点。"通过共识搭建的"金台阶"能将对话转向合作,有利于帮助双方找到问题的解决方案。

7.通过"金台阶"缓解双方为了追求绝对正确所带来的压力。

你可以和对方说:"没有人能知道所有事,所以我们才需要专家。"当你的谈话伙伴意识到他可能错了的时候,这种"金台阶"特别有效。

8.告诉对方你的无知和你质疑的理由。

你可以告诉对方:"我以前相信A、B、C,结果那些信念是错的。当我学会了X、Y、Z时,我改变了自己的看法。"这可能会给你的谈话伙伴一个机会来"挽回面子",因为这让他们知道,你也有不知道的信息。同时让他们意识到问题不在于他们是否愚蠢,而在于他们是否全面地掌握了问题。记住苏格拉底曾说过:人们不是故意追求坏的事物。

三、使用特定的语言

以下段落摘自贾斯汀·博罗夫斯基的一篇文章,体现了人质谈判员如何运用语言来实现人质安全的目标。博罗夫斯基强调了在劫持人质者和谈判者之间建立合作意识所需的技巧和必要的视角。这种合作意识可以劝阻劫持人质者中断谈判。具体而言,通过特定的词语,比如"他们"一词来表示一种合作。

例如,在接下来的交谈中,劫持人质者要求配备一辆逃逸车辆否则就要杀死人质。谈判员回应说,他认为劫持人质者不想伤害人质,应该与谈判员继续合作,向"他们"(谈判员的上级)提出更多要求。

劫持者:"要么给我车,要么我杀了她。"
谈判员:"你一遍遍地告诉我,你不想杀那女孩,我不认为你会杀她。"
劫持者:"但是我会杀她。"
谈判员:"给我另外一个选择,一个让我可以向他们(即上级)提出要求的选择。"

正如博罗夫斯基所阐述的,本案中的谈判员能够与劫持者建立起"我们一起面对"的关系,一种"一起努力对抗'他们'(谈判员的上级)的感觉"。谈判者使用特定的语言来塑造感知,最终产生了一个好结果。

运用"他们"一词,是从语言层面把谈判者和劫持人质者当成两个试图共同对抗另一方的人。通过建立这种感觉上的联盟,谈判员把自身立场定为说服劫持者投降。

去个人化

避免在同对方谈话的时候使用"你"这个词。"你"这个词很容易把话锋转向对方,让对方开启防御模式。在与对方谈话的时候,用"那个信念"或"那句话"而非"你的信念"或"你的话",更容易搭建融洽的氛围。

当然,我们无法从谈话中完全删除"你"这个词。我们可能不得不说:"对不起,我不明白。你能重复一遍吗?""你能给我解释一下吗?"(请注意,这些是在提问题时使用的语言,而不是伪装成问题的命令。)在这些"你"的用法中,你没有把对方当作审查对象。

改变语言的微小而有效的方式

1.使用合作词。

"我们"是一个很奇妙又很有效的合作词。正如社会学家韦恩斯坦和德什伯格曾说:"'我们'是最具诱导性的词语之一。它的出现几乎会自动预示着一种以相互关联和相互依存为基础的关系。"你也可以经常使用"我们"来代替"你"。例如:"我们是如何知道的?""我们为什么不再想想呢?"

"我们"可以产生巨大的效果。如果使用"我们"让你感到太难或有些尴尬，那不妨把人称换成中性语言。比如，你可以说："一个人是怎么做到这一点的呢？"

2. 使用中性词。

使用"那个""某人的"而非"你""你的"。

3. 谈论想法和信念，而不是谈论拥有这些想法和信念的人。

不要对基于别人的某个信仰就给他们贴上标签。"比尔认为医保对每个人都应该是免费的，可以通过国家的税收来支付这笔费用"比"比尔是一个社会主义者"更准确、更公平、更具体。"玛丽亚不同意这一点"也比"玛丽亚不在乎人们是否会因为负担不起医保而死亡"更好。

4. 把"我不同意"转换为"我对此感到怀疑"。

直接和对方说"不同意"可能会引发对方的对抗反应，而"我怀疑"则表明你可以接受被说服，但目前还没有被说服。

四、陷入僵局？重新构建谈话

重新构建谈话意味着使用不同的词语、从不同的角度重新解释一个议题，让谈话双方能对该议题形成一个不同的看法。几乎所有谈话都可以被重新构建。

下面是一个例子。彼得和妻子为了工作和生活目标忙得不

可开交,恰巧女儿的学校突然放了一天假。下面是当时彼得和妻子处于焦虑和疲惫状态中的一段对话:

博格西昂:"我可以带着她做事。"
妻子:"这话听着让人反感,好像陪女儿是做家务或义务似的。"
博格西昂:"对。"
(停顿)
博格西昂:"没错。"
(停顿)
博格西昂:"我应该怎么说呢?"
妻子:"谁有机会和她共度时光?"

彼得的妻子是对的。把"家务"或"义务"转变为"机会",显然更能让彼得接受这个建议。更重要的是,这帮助彼得重新构建自己的观点。

重新构建的方式有很多种。一个直截了当的方法是,把你的谈话伙伴对某种情况的看法由消极转为积极,就像彼得妻子做的那样。另一个方法是把谈话主题改为深层的利益、情感或设想。回想一下你会发现,当大家谈论枪支管制这个话题时,会将谈话重构为讨论深层的安全、安保、权利等利益以及如何平衡这些利益的话题。由此,一个政治话题就被重构为一个安全话题。

利用"上级身份"是一种很有用的重构方法,你可以通过这个方法将谈话往共性方面重构。你可以询问对方:"作为孩子的家长,枪支让我为孩子们担惊受怕。我知道你是位好母亲,你也有枪。你是怎么处理这种情况的呢?"在这个例子中,提到父母的身份就利用了"上级身份"。通过强调共性,你可以重新构建谈话,使谈话减少争议性。

重构不是"带有倾向性的陈述",而是尝试从不同的角度考虑问题,而这也能使对话变得更加开放,减少消极意义。

如何在陷入僵局时重新构建谈话

1. 围绕共性重新构建谈话。

以关于持枪权利的辩论为例,很可能你和对方都非常关心安全和自由之间的平衡。那么不妨把谈话主题重构为关于实现这种平衡的最佳方式,或是关于实现平衡的最佳方式背后有什么潜在动机。你可以直接和对方说:"归根结底,我们都对人们的安全和自由非常感兴趣,只是对如何实现这一目标的看法不一致。我们能不能更直接地谈谈如何实现安全与自由的平衡?"一旦确立了共性和共识,你就可以重新提出你最开始的问题。这就使原本对安全和自由的辩论转变为如何在相冲的积极因素中达到平衡的讨论。

2.重新构建问题,降低争议性。

如果人们感到沮丧,重新构建谈话对彼此会有很大帮助。你可以直接对对方说:"我听到了。我在想我们能不能绕开分歧,从别的角度考虑这个问题?也许我们都很关心如何确保市民能得到最好的机遇。你怎么看?"也就是说,你可以把你要说的话通过利用"上级身份"寻找双方的共性和深层的利益点,以此让你们的谈话更有成效。

3.让对方回复"说得对"。

"对"这种简单的回答在不同语境中意思可能不一样,而"说得对"则表明对方对某个观点表示理解或赞同。"说得对"并不与"你是对的"意思相同。"你是对的"针对的是你的结论。通常让对方回复"说得对"的方法是,把原本被视为消极的议题重构为积极的议题。

五、改变你的想法

作者彼得在澳大利亚旅行的时候,曾与他的谈话伙伴就政府经营的电台涉及宗教话题(BBC报道了与英国国教有关的问题)的道德标准进行过一次激烈的讨论。一个年轻人提出,报道可能带有偏见,他表示不确定是否存在可以防止偏见渗入报道的保护措施。让彼得和年轻人感到惊讶的是,一位持相反观点的女性说:"我真的从来没想过这个问题。我想这是对的。没错,说得对。"接着谈话停顿了很久。长时间的停顿通常意味着对方在反思,并且有可能修正自己的信念。在当时的情况下,这意味着是一次成功的谈话。

当场改变你的想法

如果一个人在谈话中意识到自己一直持有的信念是错误的,并当场表示"我刚意识到,我的信念可能是错的。我已经改变想法了",可能会令他的谈话伙伴感到吃惊,因为这种情况几乎不会出现。

但需要注意的是,只有当你诚心诚意认可时才可以这么说。"我改变想法了"会变成一种邀请。这体现了信念修正和模范的美德,因而变成一种邀请,邀请对方也这么做。这也是建立融洽关系的终极利器——说完这句话,对方不可能不喜欢你。

举个例子,在美国摩托车驾驶人戴不戴头盔似乎不关政府的事。你认为这是驾驶人自己的选择,因为即使有事故发生,受影响的也只有驾驶人。但如果这个时候你的谈话伙伴告诉你,如果取消戴头盔的规定，大多数州每年由纳税人埋单的医疗补助支出会大幅增加，这意味着驾驶人不戴头盔的决定还会影响到其他人（更不用说驾驶人的家人、朋友、同事、老板和其他直接间接与他们生活有关的人）。如果这个论据说服你重新审视自己的立场，你也可以当场表示："这可能是对的。我得重新思考我的观点。"

六、引入数值等级

在谈话中引入数值等级（分数），能鼓励对方进行新的反思和信念修正，也给你提供一种测量干预成功度的方式。

你可以直接问对方："从 1 到 10 打分，你有多相信 ×（信念）是真的？"询问对方对自己的信心打多少分，不仅可以了解对方的坚持程度，还有其他两个好处：

1. 检测你的干预手段的有效程度。
2. 有助于对方正确看待问题。

检测你（干预手段）的有效程度

当你确定了一个讨论问题，你可以在开始时询问对方："从1到10打分，你有多相信×（信念）是真的？"（如果他们拒绝给他们的信念赋予一个分数，那么就放弃使用这一技巧。）等谈话一结束，你可以再次询问对方这个问题，并把对方在谈话前后给出的数字进行对比。也就是说，你拥有了一种度量方式，来检测你干预他人认知和灌输质疑的效果。

引入数值等级的角度

你可能从极端女权主义者那里听过这种说法："美国社会是父权制社会！"你可能会觉得这种说法很奇怪，但你的感受并不能让对方说出："是的，你是对的。这太夸张了。我是想说点特别的辞令，但也许我不该那样表达自己的想法。谢谢你。"而是很可能会让对方说："不，它就是这样的！"

你可以让对方把问题用数值等级来衡量。比如你可以像这样询问对方："我很想知道父权制究竟到了什么程度。从1到10打分，假设某国是9分的父权制国家，那么和这个国家相比美国是多少分？"如果对方打了2分，那么他起初的观点的正确性就有待考虑。要求对方给出一个等级，有助于帮助你们摆脱非黑即白的思维模式,摆脱"是的,我们是这样!"或者"不,我们没有!"的心态。

如何在干预手段中引入数值等级

1.在谈话开始和结束时邀请对方打分:"从1到10打分,你有多相信×是真的?"

比较这些数值,判断你的干预效果。

当对方自称对某种信念有9分或10分的信心时,弄清楚他们为什么得出这一结论就变得尤为重要。而当对方给出的信心值是2分或3分时,他们基本不相信某种说法是真实的,你可以探究一下为什么他们的信心值会这么低。

2.如果你发现你们的谈话陷入了"是的,它就是这样!""不,它不是!"这种模式中时,可以引入比较等级。

比如当你们在争论"美国是不是种族主义国家"时,你可以询问对方:"跟20世纪50年代相比,美国当今的种族主义到了什么程度?"引入数值等级可以增加精确性,帮双方确定、澄清问题,提供谈话视角,让谈话回到正轨。

3.在分歧处引入数值等级,比较所讨论议题的重要性。

询问某人是否觉得种族主义是一个重要的问题,可能会让对方产生愤怒和怀疑。但是如果你邀请对方进行打分,比如询问对方："从1到10打分,你觉得种族主义与气候变化相比有多重要?种族主义和气候变化的分值各是多少?"可以帮对方明确自己有多么坚持自己的信念,以及你们是否还有必要花费时间继续谈论你们之间的分歧。

4. 运用数值等级帮助你的谈话伙伴改变自己的想法。

你可以直接邀请对方对自己的信心进行打分:"从1到10打分,1代表没有信心,10代表绝对的信心,你给你的信念打几分?"假设他们给自己的信心打了8分。不要问他们:"为什么不是打6分?"或者是"怎样才会让你打6分呢?"而应该立即问他们一个更高的分数:"纯粹是出于好奇,为什么你没有给到9分呢?"这有助于让对方说出自己的疑虑。

5. 引入数值等级还有一种更高级的技巧。你可以询问对方:"从1到10打分,对 × 的真实性,我给3分。我不知道是什么原因让你打出了9分的高分。我想知道我遗漏掉了哪些东西。你可以帮我理一理吗?"

你可以借助数值等级,让对方一步步带你了解他们的认识论。他们会主动解释你们之间的认识论分歧,而非一味等你提出问题。在这个过程中他们的信心指数可能会下降,甚至可能会暴露自己的无知。如果他们对某种信念的信心被证明是合理的,那么你也可以学到一些东西,并相应地调整或增加你的信心。(注意:这个技巧是把"引入数值等级"与前述的"专注于认识论"以及"提出精准的问题"技巧结合使用。)

6.把你们的谈话记录下来。

复盘那些有助于或者无助于降低对方信心的方法,对这些方法进行分析和练习。

七、寻求外部帮助

大多数人看待问题的方式都过于激烈。人们所拥有的专业知识最多不会超过几个领域,却常常对自身的信念有着过高的自信。我们可以通过运用"图书馆未读效应"解决这个问题,也可以寻求外部帮助。

寻求外部帮助是借助外部信息来邀请对方回答"你是怎么知道的?"这个问题。寻求外部帮助的目的是,让你的谈话伙伴了解他们如何证明自己的知识主张,或让你了解一些你从未了解过的事物。比如,如果你在所得税问题上与他人意见不一致,他痛恨所得税,而你则认为所得税是文明社会的必要组成部分。在几个问题之后,你了解了为什么他会认为所得税负担过重——在他看来,如果某人挣的钱越多,那么他就会进入下一个高税率级别,因此他的可支配收入就会变少。那么如何让他明白自己关于累进所得税的理解是错误的?你不能指责对方的理念是错误的，因为这会导致谈话陷入纠结是与非的困境。

解决这个问题的方法之一就是援引外部信息。解决这类问题并不难，因为有大量的现成资料和专家都会给出正确的答案。困难的是尝试处理更为复杂的问题，尤其是道德问题。在搜索答案前，不妨和对方达成一致："我们到哪里去寻找答案？"

这个问题可以使谈话转变为探究应该相信哪些专家以及为什么。这也可以让你了解到对方获得信息的方式，从而让你更容易理解他们的认识论。如果你们不能达成共识，这个技巧也可以增进你对对方的理解，了解对方觉得某个特定的信息来源具有权威性的原因，也能为你提供一个新的学习渠道。

在谈话中引入外部信息的最佳做法

1. 在对话快结束时寻求外部帮助。

你可以这样和对方说："我不是很确定这个问题。如果我能看到你给出可靠的数据，我可能会改变我的想法。下次谈话时我们再谈谈这个问题。如果数据足够有说服力，我会改变我的想法。"这个表述同时用了几种技巧：专注于认识论、示范、学习、搭建"金台阶"以及伙伴关系。（让他人提供证据不同于突然引入你自己的证据。不要提供证据，除非对方明确要求你这么做。即便如此，也要向对方提问，确保他们是真的想让你提供证据。给出相互矛盾的证据可能会适得其反,并让你的谈话伙伴更加坚定自己的信念。)

　　黑人音乐家戴露·戴维斯有时会使用这种技巧(具体来说就是当他声称知道人们的想法错了的时候),他常常与3K党的成员交谈,让他们去寻找能够支持自己信念的证据,然后再利用他们调查时自己产生的疑问进行干预。

　　2. 如果你感到谈话陷入泥潭,可以询问对方:"一个独立且中立的观察者是怎么确定哪种信息来源是可靠的?"

　　你也可以问:"如果我们要问一个赞同这一观点的专家,或是一个持最强烈反对观点的专家,会是谁呢?"

　　3. 这里还有一些可参考的提问方式:

　　(1)我们能找到哪些具体证据来解决这个问题?

　　(2)什么样的证据足以说服一个独立的观察者?

　　(3)什么样的证据可以说服每一个理性的人?

　　(4)为什么人们应该质疑基于某项证据得出的结论?关于这个问题的最佳反驳观点是什么?两个知名专家的最佳论据是什么?为什么这些论据不正确?

　　4. 将寻求外部帮助与搭建"金台阶"相结合。

　　你可以直接和对方说:"我们把这个问题先放一边,等到掌握更多信息的时候再来讨论。"不要强迫对方改变他的观点,可以先暂停之后再讨论,这也是搭建"金台阶"的一种方式。

这么做可以让对方在保全颜面的情况下，分析、查证、吸收新的信息，而不必承担当场改变想法的压力。

5. 如果你的谈话伙伴明确表示："寻找证据是毫无意义的，因为没有任何证据会改变我的想法。"那么你可以了解到他的信念就并非基于证据产生。

那么你也可以了解到在这种情况下，寻求外部帮助就没有任何意义。这一点将在第五章的驳论中进一步讨论。

6. 寻求外部帮助只适用于实证问题。

寻求外部帮助只适用于关于这个世界的可认证、可检验的命题，或是可以认证的事实。这个技巧并不适用于解决道德问题。

因此，不要试图通过求助"道德专家"的方式来寻求外部帮助，例如教皇、你最喜欢的哲学家、你的母亲、你曾经认识的一个智者或是脱口秀主持人。当对方尝试用这个方法解决道德问题，你可以选择做出以下几种回答：

（1）"我不认为 × 是这方面的权威。"（但是要注意，因为这么说可能会激起对方的防备姿态。）

（2）"对此我有个疑问，很多自称是专家的人的观点经常互相矛盾。这就让我们回到了最初的问题，就是我们该如何辨别。"

（3）如果你们开展的对话颇具思想深度，你可以对对方说："在我们谈话中借鉴其他道德专家的言论存在一个问题，就是一个人必须首先接受一种道德体系，才会听从这个体系中的专家权威。"

7. 你可以直接向对方提问："阅读哪些专家的观点能让我了解更多信息？"

（1）如果你的谈话伙伴不能列举出相关领域的专家，他就会明显察觉自己的信息不足。

（2）他会列举出一个观点带有明显偏见的专家，这时你可以接着问："这一信息来源为什么算是权威？""反驳这个专家上述观点的最佳言论是什么？"

（3）他会列举出一个真正的专家，你可以向这位专家学习。

8. 你可以邀请对方回答这个问题："能否告诉我三位不同意这个观点的权威专家？"

这个问题有助于帮对方厘清自己对这个问题的认识程度。

9. 如果你们的谈话陷入僵局，你可以问对方："我们的谈话好像陷入了僵局。我们可否确认一下彼此都认同的部分？"

总　结

在柏拉图所著的《高尔吉亚篇》中，苏格拉底说，被人驳倒比驳倒他人更好。他的意思是，自己停止相信错误的事情，好过试图帮助他人停止相信错误的事情。这确实是某些干预场景中会发生的情况——你试图干预他人的认知，但结果是你修正了自己的信念。当它发生时，不要逃避它，要接受它。因为你只是获得了一个停止相信错误信念的机会。

并不是每个人都把这个看成是一个机会，大多数人都会产生抵触情绪。许多人会变得沮丧。一些人甚至可能会对你进行猛烈抨击。在这些情况下，搭建"金台阶"并使用合作性语言就十分关键。正确行使你的判断也很重要，因为有时你应该允许你的朋友犯错，然后继续你们的谈话。

在谈话过程中，如果你意识到自己的想法是不正确的，那就说出来。"我改变想法了"是一种完美的示范，它能加深你们之间的友谊。这能令你的谈话对象卸下防备，有助于重新建立你们之间的关系。

第五章
处理冲突的五个技巧

如何重新思考你的谈话习惯

别害怕冲突 ▶▶▶

　　本章将讲述成功应对争议性沟通的五个技巧。首先，你将了解到如何运用拉波波特法则来处理分歧。这些法则要求你在公开表示反对意见之前，不仅要真正用心倾听，而且要复述，甚至是比对方更好地复述他的观点。接着，你将学到一些反直觉的技巧，即避开事实，着重于证明某种结论不正确，而非证明一个结论正确。（也就是说，专注于该信念可能在哪种情况下是错误的，而非专注于什么能够证明该信念正确。）

　　我们还建议把"但是"这个词从你的口语词汇中删去。这一点做起来比听上去要难得多。当谈话双方的分歧难以消除时，人们通常会用"是的，但是……"来敷衍对方。最后，我们会对"愤怒"提出一些具体的建议，很多谈话因为"愤怒"脱离正轨。在本章中，你将了解到有关愤怒、挫折和冒犯的一些重要真相。你也将学习到，当你的谈话伙伴感到生气时，你该如何控制自己的冲动情绪，并做出最好的回应。

　　我们应该在开口前找到对方负面情绪的原因。同时我们也要及时倾听，控制好自己的情绪。如果你无法在激烈的讨论中做到这些，那么你不妨约束好自己的行为并离开。

第五章 处理冲突的五个技巧

本章讨论的技巧需要你改变一些谈话习惯，也需要你控制好自己的情绪。这些高级技巧可能在你看来是不合常理的，因为它们不同于我们通常的交流习惯。

如果你在使用本章技巧的过程中出错了，可能会产生适得其反的效果。我们建议你在尝试用这些高级技巧前，不妨先熟练掌握前面章节所介绍的内容。

一、遵守拉波波特法则

在下面这段简短的对话中，街头认识论者安东尼·马格纳博斯科（AM）正在与陌生人卡莉（K）交谈，他们正在讨论信仰、信念和上帝。我们曾在第二章中展示过他们的对话。

AM："如果不是上帝帮助你度过艰难的时光而是你自己呢？"

K："我想应该是信仰使然吧。"

AM："信仰会让你明白，帮你度过艰难时光的并非上帝？"

K："不是，我认为信仰是指你相信它在生活中真的有所作用。"

AM："我重复一下你刚才说的话，如果我所说的与你的意思不同，请告诉我。我不想曲解你的意思，但你刚才是说，你确定是上帝帮助你走出困境，你之所以这么确定是上帝，是因为你相信的确是这样？"

K："我相信那些比我自身更加强大的东西。我有信仰。"

在批评之前……

美国博弈论者阿纳托尔·拉波波特有一套在谈话中表达不同意见或者批评的规则。这些规则即现在人们所熟知的"拉波波特法则"，美国哲学家丹尼尔·丹尼特称之为"喷子们最好的解毒剂"。丹尼特在其《直觉泵和其他思考工具》（*Intuition Pumps and Other Tools for Thinking*）一书中简洁明了地总结了拉波波特法则。如果你的目标是成功地与某人交谈，那么就按顺序采取下列步骤：

1. 试着用你自己的话，清晰、生动、不偏不倚地重新表达对方的立场，从而让对方说出："谢谢，我要是这么表述就好了。"

2. 列举出对方观点中任何你同意的部分（尤其是那些没有得到普遍或广泛认可的观点）。

3. 提到你从对方那里学到的东西。

4. 只有完成以上三点，你才能说一句反驳或者批评的话。

第五章　处理冲突的五个技巧

遵守拉波波特法则不容易操作，但是这个法则能有效提升谈话双方的体验。

首先，如果你坚持第一条法则，你的谈话伙伴就会知道，你是真心想要去理解他们的立场。

其次，如果你遵守第二条法则，你将展示出你们之间的共同点，这有助于维护你们的共同基础和合作框架。所以，当你们的谈话停滞不前或变得激烈时，你可以回到双方的共同点上，通过建立融洽关系来推进谈话。

最后，第三条法则树立了模范做法，有助于培养谈话双方相互学习和彼此尊重的态度。如果你从谈话伙伴那里学到了一些东西，指出你所学到的可能会鼓励他们也做出同样的行为。在教育和矫正类文献中，这被称作"亲社会示范"（pro-social modeling），即展现出你希望别人示范的行为。而这也意味着你正努力树立相互尊重与开放的模范。即使没有相互性，第三条法则也有助于维持表面上的合作，让你的谈话伙伴意识到你珍视他们的意见。

拉波波特法则是前面三章所述的各种技巧的融合。拉波波特法则还可以避免粗心和疏忽带来的影响，因为这些法则会促使你在进行批评、质疑或是反驳之前，先理解对方的立场。从根本上看，拉波波特法则是预防粗暴言行的妙招。

二、避开事实

基督教激进分子和圣经创世论者肯·汉姆是"遇见方舟"(the Ark Encounter)项目的负责人,该项目位于美国肯塔基州的格兰特县,项目按照挪亚方舟的大小,全比例复制出一个方舟,长达 510 英尺(折合 155 米)。汉姆就是一个无法被事实说服的典型例子。他相信《创世记》中所有关于洪水的文字叙述。

汉姆在 2014 年 2 月与科普工作者比尔·奈伊进行了一场公开辩论。在辩论中双方就"什么事物会改变他们对神创论和进化论的看法"这一问题有截然不同的答案。奈伊的回答是"证据",汉姆则表示"没有任何事物"。汉姆明确指出,没有任何证据会让他修正自己的信念。

汉姆甚至不接受那些严谨的经专家评审过的科学研究结果。对他而言,答案已定。汉姆认为他的信念不会被他人证明不成立。奈伊在辩论中所罗列的各种事实对改变汉姆的想法没有任何作用。要想让汉姆这样的人参与讨论,你不得不避开事实。

当然,这不意味着你应该摒弃证据或者鼓励其他人这么做。实际上,这意味着在谈话中引入事实证据可能会有适得其反的效果。

第五章　处理冲突的五个技巧

事实很糟糕，真的很糟糕！

对于那些相信证据的人来说，最难接受的事就是不是所有人都是以这种方式形成自己的信念。那些以证据为基础的人错误地认为，他们的谈话伙伴可以被证据说服。然而，许多人之所以对自己的信念和行为坚信不疑，恰恰是因为他们没有以证据为依托来形成自己的信念，而不是因为他们缺乏证据。对那些基于合理论证而形成信念的人而言也是如此。很少人会仔细考量自己的合理论证后再形成信念。更复杂的情况是，大多数人认为自己确实有证据来支持信念（肯·汉姆对此就深信不疑，还据此发展出了自己的事业），因为他们考虑的仅是那些本来就支持自己的证据。

我们倾向于证实我们所相信的，而非推翻我们所相信的。这不仅仅是因为我们能获得的证据有限，而是因为我们倾向于精心挑选出一些证据，以此为基础来形成信念。事实上，人们的大部分信念都是先构想出的，然后再去寻找能支持的证据。

创世论就是一个完美的例子。虽然进化论在科学上已无可争议，但是有 34% 的美国人完全拒绝接受进化论，只有 33% 的美国人认为人类和其他生物一样，都是自然界进化的结果。这种情况的出现并非因为人们不了解进化论的证据，或是没有听说过相关论据，而是因为存在其他很多不以证据为基础的因素，比如道德因素（认为如果相信或假装相信创世论，那么他们就是道德良好的人）和社会因素（所在社区的每一个人都相信或者假装相信创世论，或是他们融入群体的需求大于他们寻找真理的需求）。在这些人看来，他们的道德和社会思维都在理性思维之上。

对于这类人来说提供证据（事实）几乎对修正他们的信念没有任何帮助。他们对其他因素的关心程度远胜于他们对事实的关心程度。

以那些拒绝接种疫苗的人为例，他们最关心的事情就是成为好父母，他们对疫苗的错误观念是依据其他网络信息，比如"天然的"就是好的，"人造的"就是不好的，正是这些信念让他们认为，拒绝疫苗是成为好父母的关键。（如果他们的孩子接种疫苗后出了问题该怎么办？他们怎么能忍受自己做出这样的选择？如果真的是自己错了，他们一直都在拒绝接受可能会挽救孩子生命的医疗服务，又怎么办？）因此，向对方展现事实，很难改变对方的想法。

首先，不要做不利的事

不援引事实或证据的一个原因是，避免使对方有理由辩护自己的立场。特别是这样做将让对方看起来愚蠢且失败时尤为如此。如果对方在一个信念中投入了大量的时间、精力和金钱，而且加入了支持这种信念的团体，那援引事实大概率会让结果适得其反。

为了改变对方的想法而援引事实，会给对方更加坚定自己信念的理由，让对方为自己辩护，导致对方更相信自身错误的信念有确凿证据和合理推论支撑。

那么，应该怎么做才好？

以下是这个问题的答案，它们之间相互矛盾，但都是行之有效的：

1. 询问对方，揭示问题和矛盾所在。例如，如果有人认为灵魂的重量是 7 磅（1 磅 =0.4536 千克），那么不妨问他："你认为 4 磅重的婴儿也有 7 磅重的灵魂吗？"

2. 专注于认识论。一旦你彻底了解为什么对方相信自己所相信，你就可以提出针对性的问题，切断他们的结论（灵魂的重量是 7 磅）与认知来源（一位德国科学家在人死之后给他们的身体称重，发现他们的体重减少了 7 磅）之间的联系。

3. 把上述两种方法与驳论问题结合起来。你也可以询问对方，什么样的证据能够改变他们的看法。你也可以直接问对方："如果上述实验无法被他人复制，你会改变自己的看法吗？"

只有当你的谈话伙伴明确提出让你提供事实的请求时，你才能这么做。除非你十分确定这些事实是准确的，并邀请你的伙伴独立查证这些事实，否则就不要提出这些事实。

当对方提供事实时，你可以通过表达保留意见的方式，来展示自己的谦逊。人们询问事实可能并非出于好奇，而是为了展开辩论，或是试图揭露你的无知（为了赢得他们想要开始的辩论）。在这时候，直接对对方说"在这个问题上我可能是错的"，或是"据我所知"，可以在一定程度上避免自己落入陷阱之中。

如何管理谈话中的事实

1. 不要在谈话中引入事实。

不要给对方捍卫信念的理由，这会让谈话变成辩论。如果你的目标是灌输怀疑，尤其不要这么做。

2. 如果你控制不了自己，觉得不得不在谈话中引入事实，那么就问一些与事实相关的驳论问题。通常询问比直接陈述更好，因为问题会引出答案，而陈述则激发争辩。

你可以询问对方："什么样的事实或证据会改变你的想法？"然后你就会知道该援引什么样的事实。更重要的是，你会理解对方是如何构建其信念的，什么样的证据会改变他们的信念，你可以顺着对方的思路，询问对方你提供的证据是否改变了他的看法。

如果你能提供他一直在寻找的事实,那么就谨慎地给出证据。如果你不能提供,则可回答说:"我不知道这方面的信息。等我找到之后再答复你。"

3. 如果对方邀请你介绍相关事实,要再三确认这些事实是不是他想要的。

你可以在开始前表示:"也许我的理解是错误的。我认为……"这样既能表现你的谦逊,也表明你的信念是可以被驳斥的。

三、寻求驳论(证明对方的结论不成立)

下面是我(彼得)和我父亲的一个朋友 DB 的一段对话。DB 对经济问题和社会问题的看法都趋于保守,他住在洛杉矶一个平均年龄 55 岁以上的老年社区。我们的谈话直入主题:

DB:"毫无疑问,媒体对他是存在偏见的。我不明白你是不愿意承认还是不相信。"

博格西昂:"其实都不是。我只是想要找到能证明这个观点的最佳例子。你的最佳例子是什么?"

DB:"我已经告诉过你了,是关于那些传言的胡言乱语。全是胡扯,全都是。媒体绝对是跟他过不去。"

博格西昂:"好吧,那什么才能让你改变想法呢?我的意思是,什么样的证据可以让你相信那些传言是真的?"

DB:"我刚才已经解释了为什么这些(传言)都是假的。"

博格西昂:"我是说假设。什么样的证据可以说服你?你觉得什么样的证据是有说服力的?我不是说我可以提供这样的证据,我只是想弄清楚是什么样的证据而已。"

DB:"嗯,没有什么证据,因为这些全是胡说八道。"

博格西昂:"好吧,嗯,也许我没能清楚地解释自己的意思。那我换种说法。如果披露了某位高层人士的邮件,其中涉及具体的事宜,你会相信吗?"

DB:"不会。我会认为这些都是伪造的。"

博格西昂:"那如果其他渠道泄密的邮件证实了那些邮件所说的呢?"

DB:"我已经说了,它们是伪造的。"

博格西昂:"那如果有官员通过电视节目向全世界宣告,他确实做过这些事呢?你会相信吗?"

(短暂停顿)

DB:"不会。他之所以这么说是想要破坏美国的声誉。就像——"

博格西昂:"不好意思,我打断一下。那如果他宣誓承认了这个事件呢?这种情况下你会相信吗?"

(长时间停顿)

DB:"我不知道。"

信念在什么情况下可能是错误的?

帮助别人改变想法的最有效方法就是询问对方:"×在什么情况下可能是错误的?"这就是"驳论"。

假设某种可以证明这个信念不成立的情况,意味着这个信念是可以被驳斥的。如果某种信念不是可驳斥的,那么在任何情况下,它都不可能是假的。

人们普遍认为,逻辑和数学的真理是不可能被驳斥的。例如,在任何情况下,7+5都等于12。同样地,某种说法通过定义就可判定其为真。例如,"单身汉是指未婚的男人"这种说法是不能被推翻的,因为"单身汉"就是"未婚的男人"。没有哪种情况下单身汉不是未婚的男人,正如没有哪种情况下7+5不等于12。

如果你的谈话伙伴知道在哪些情况下他的信念可能是错误的,那么这种信念就是可以被驳斥的。当他认为在任何情况下他的信念都不可能是错误的时候,他会把这个信念视为一种不可改变的真理。那些脑海中认为自己的信念是不可被推翻的人,比如相信"克隆人从道德上讲是错误的""堕胎从道德上讲是无可非议的"的人，他们都认为自己相信的是真理。

我们常常试图努力教授对方一些东西（通常是提供证据）或者尝试说服对方接受另一种信念，以此来改变他们的想法。但其实这是错误的，因为我们这么做是在传达信息。如果你的目标是帮助你的谈话伙伴修正他的信念，最简单也最快的方式就是，询问他一些驳论问题。

外星人劫持了运送啤酒的卡车

假设你和朋友在路上开车，在你们前面是一辆运送啤酒的卡车。你的朋友说："那辆卡车装满了啤酒！"你回答说："你是怎么知道的？"他说："因为车身上写着'啤酒'，司机穿着送货的制服，而且现在是中午。"

询问对方"你是怎么知道的？"是一种能帮助人们思考的提问方式。但却不是一个最佳的提问方式。最佳的提问方式应该是"怎么能证明这个信念是错的？"。"你是怎么知道的？"并不会像人们所想的那样有用。对方有可能会像看一个傻子那样看着你，告诉你一些明显的理由。这种提问方式虽然可以让我们了解他的认识论，但并不能改变他的想法。人们倾向于寻找能支持他们信念的证据，而忽视那些与它矛盾的证据。这一

第五章 处理冲突的五个技巧

认识论盲点往往必须经过直接干预,才能产生出疑问。

同样地,给对方列举出一个反例也并没有什么用处,甚至可能会让他们更加坚信自己的信念。如果你说:"可能是那个司机劫持了这辆卡车。"对方可能会说:"拜托!既然没有证据表明她劫持了那辆卡车,那我为什么要相信呢?"采用"你是怎么知道的?"的提问方式或是举出反例的方式,对方给出的任何理由都将会进一步让他们相信自己的信念是正确的。在这种情况下,你进行的是一种反向干预。你不但没有(在他们心中)播下怀疑的种子,反而增强了他们对自身信念的信心。

经验丰富的干预者对此深有体会。他们采取的方式是,向对方提出驳论问题(证明结论不成立的问题),他们会提出:"这个信念在什么情况下可能是错误的?"在上述例子中,一个开放式的驳论问题是:"认为卡车里装满啤酒在什么情况下是不可能的呢?"可以想象得出,你的朋友可能会给出以下四种回答:

1. "我的想法不可能是错误的。"

2. "如果是外星人劫持了卡车,倒掉了啤酒,在桶里装满了射线枪,那我的想法才可能是错误的。"(极度不合理的)

3. "如果是司机已经送完了所有的啤酒,现在在去给卡车加油的路上,那我的想法就是错误的。"(合理的)

4. "我不知道。"

第一种回答，表达了"他的信念"是不能被驳斥的。没有什么证据能够改变"他的想法"。

第二种回答虽然很不合情理，但你的朋友的确提供了一种情况，说明他的信念可能是错误的。在这种情况下，他的信念是可以被驳斥的，尽管他把门槛设置得很高。

第三种回答比第二种合理得多。在第三种情况下，他的信念是可以被驳斥的。

第四种回答，表达了对方的信念有可能被驳斥，也可能不能。你需要进一步与他交谈来确定这一答案。

因此，可驳斥的信念总共可分三大类：

1.无法被驳斥。

2.可以驳斥，但仅在某些极端不合理的条件之下。

3.可以（合理）驳斥。

下面让我们看看在各类情况中应该采取的谈话战略。

无法被驳斥的信念："我不可能是错的！"

当对方提出一个知识主张（knowledge claim）时，意味着对方声称自己知道一些事情。无论一个信念能否被驳斥，这都是一种知识主张。如果说一种信念是不可被驳斥的，也就是说，在任何情况下这种信念都不可能是错误的，这相当于对方在相关事实领域主张绝对的知识。如果有人声称"在宇宙的其他地方存在智慧生命体"这种说法是不可驳斥的，那么意味着他声称自己百分百确定某些关于宇宙的特定情况。

　　这一点十分重要，有必要再重申一遍。如果对方说他的信念是不可被驳斥的，那么他们就是在说，自己绝对相信该信念得以存在的现实条件。具体来说，他们是在声称，他们知道一些情况是不可能存在的。在这个事例中"声称自己知道在宇宙中存在其他智慧生命体"，从认识论的角度说，这位当事人的信念是闭合的，是不能被修正的。哲学家称其为"知识闭合"或"信念闭合"。

　　那么，如何与认为自身信念不能被驳斥的谈话伙伴进行有效沟通？在这种情况下，你最不应该采取的行为就是提出反面证据。提出反证或事实会给对方一个机会，让他拒不让步。与一个声称自己的信念不能被驳斥的谈话伙伴交谈，你应该这么做——以提问的方式，提出一种可能的情况或原因（但并不是证据），在这种情形下，对方的信念可能是错误的。在运送啤酒卡车的例子中，你可以询问对方："如果是这辆运啤酒的卡车刚从最后一个送货地离开，卸完了车上所有的啤酒呢？"这种方式有可能让不可驳斥的信念转变为可驳斥的信念。

　　如果反复提出驳斥问题却不奏效（例如："如果是这辆卡车刚才爆胎了，正在从修理厂回来的路上呢？或者，如果是卡车的冷却系统坏了,正赶去修理厂的路上呢?"),那么你可能需要重新考虑你的谈话目标。因为对方认为这种信念是不可被驳斥的。如果有人明确且坚决地告诉你,在任何情况下,这种信念都绝不可能是错误的,且他们会忽视你提出的任何可能的情况,那么再与其谈论该信念在哪些情况下可能错误就没有意义。判断一种信念是不是不可驳斥的方法很简单:提出问题,判断对方的反应。

通常来说,这样的对话只有从认识论问题转变为身份和道德问题才会取得进展,例如你可以向对方提问:"是什么样的个人品质让一个人认可这种观点?那其他不认同这种观点的人(又具备什么样的个人品质)呢?"(这属于身份问题)"如果放弃这种观点,对你而言意味着什么?放弃这个观点后果会是怎样?"(身份和道德问题)"如果别人没有这种信念,那么他们为什么就是(或不是)坏人呢?"需要注意的是,你要把驳斥问题转变为精准的"这意味着什么"的问题。

这种转变意义重大,因为大多数不可驳斥的信念之所以存在,是因为它们关系到一个人对于"什么是好人"的理解。丹尼尔·丹尼特把那种认为怀有一种信念就能成为更好的人的深层信念称为"相信信念的信念"。这种深层的信念(即因为好人都相信×,所以他们也应该相信×,摒弃×会让他们变成坏人)会让他们无法看清合理的驳斥标准,也不会承认这样的标准。

这些对话看似是在讨论某种假设（比如"如果除了地球，火星上也有生命体存在会怎么样？"）或是事实（比如"火星距离太阳太远，难以维系生命体存在"），但实际上是在讨论做一个好人（好人不会修正这种信念）或坏人（坏人不会持有这种信念）意味着什么。

因此，当一个人不愿去修正自己的信念，不是因为他们想象不出该信念在什么情况下可能是错的，而是因为修正信念意味着违背自己的（道德）身份。换句话说，改变一个人的想法，有时并不是一个知识性的或认识论的问题，而是一个道德问题。（这也是在对话中引入事实极少能帮助人们修正自身信念的另一个原因。）拒绝认真对待那些可驳斥的问题，让人们觉得捍卫自己的信念在道德上是正确的。

可驳斥但情况极端不合理

当提问驳斥问题时，有时你可能会遇到这样的人，他们所说的情况极端不合情理，以至让你产生困惑。如果你内心会问自己怎么可能会有人相信这个，那么你就遇到了本小节所要讨论的情况。在继续与对方谈话前，最好先评估一下这次的谈话和你的目标。你的谈话伙伴也可能处于一种精神不稳定的状态，在这种情况下你最好结束这次谈话。一旦你有所疑惑，就退出这次谈话。

　　神智正常的人也会有一些令人难以置信的想法，当人们提出那些极端不合情理的驳斥条件时，他们的信念看似可以被驳斥，但实际上并不会。因为这些条件并不是基于事实或证据提出的，而是基于道德。现在，你必须解决的问题不是信念，甚至也不是对方是如何获得这一信念的，而是应该解决他们认为应该（或不应该）持有这种信念的想法，也就是他们"相信信念的信念"。

　　在大多数情况下，提出极端不合情理的驳斥条件的人心中总是认为自己的信念是不可被驳斥的，但是他们总是装出看上去思想开放的样子。与这些提供极端不合情理的驳斥情况的人交谈是很困难的，也令人沮丧。因为他们通常知道，他们对自己信念的信心是没有证据支撑的，但他们觉得从道德上来说有必要继续持有这种信念。在这种情况下，他们不仅没有诚意，而且为了维持自己的信念，他们会找到某种方式来弥补他们的信心和客观事实之间的差距。

　　这种补偿可能以对方反应过度的形式出现（对方声称自己被冒犯或感到愤怒）；或者对方会欺骗他们自己的认识论（例如他们声称自己掌握隐秘的知识）；或者对方会出现社会性操纵的行为（对你进行威胁）。

第五章 处理冲突的五个技巧

更为复杂的是，你的谈话伙伴可能接受过某种训练，教会他们对问题进行防御练习。那么，你应该如何提出驳斥问题，与那些信仰只在极端不合情理的情况下才能被驳斥的人沟通呢？

一种方法是询问对方，他的驳斥条件是基于什么产生的。请他尽可能深入地解释，为什么另外的标准不可能奏效。例如，如果你的谈话伙伴表示他对大脚怪的信念的驳斥条件是，检查本地区整个区域的每一只动物他才会改变信念。那么你可以直接这样询问对方："我很难理解你为什么把你的怀疑标准定得这么高？为什么这么久都没有找到一只死掉的大脚怪，不足以引起你的怀疑？"这么做的目的是让对方思考更多合理的驳斥标准。要达到这一目的，一个方法就是询问对方："为什么你觉得自己对这件事的驳斥标准比其他事情要高得多？"

如果谈论更合理的驳斥标准没有使对方产生好奇心或质疑，那就请你的谈话伙伴问问你，如果你拥有同样的信念，你的驳斥标准是什么。你可以说："你能问问我，我认为有什么条件可以驳斥大脚怪信念吗？如果你愿意的话，请告诉我你的观点。"（注：在动物星球上的电视节目《寻找大脚怪》已经播出了九季。如果勇敢无情的搜寻者都还没有找到大脚怪，那么对于铁杆大脚怪爱好者来说，真不确定什么才是他们的驳斥标准。）

如果这些方法中没有一条能带来进展，那么你不妨转换话题，直接询问隐藏在表面之下的有关道德、价值观或身份的问题。你可以询问对方："相对于不相信大脚怪，如果相信大脚怪，能提供哪些价值？"（这个问题用在大脚怪身上看起来有点奇怪，但奇怪的信念往往建立在有关希望、价值观或身份问题上。例如，很多人相信鬼魂，因为如果鬼魂存在，死后就有一种继续存在的方式。甚至对大脚怪的信念也可以代表着一种需要，需要感觉到世界上还有很多我们不知道的东西。）

当你就深层次话题和驳论的关系进行提问时，或是当你转向不同的信念时，你唤起对方防御心理的可能性会降低，更能收到对方未练习过的回应。这一系列提问可以使驳斥问题变得有效，帮助人们更深入地思考那些拥有极端不合理驳斥条件的信念的支撑条件。

可驳斥的信念："这就是我所需要的条件……"

如果对方的信念是可以被驳斥的，并且他可以提供合理的驳斥条件，那么其他你需要做的就是弄清楚这些条件是否成立，或是成立的可能性有多大。在开始之前，请明确对方改变主意需要什么条件。

一旦你和对方达成共识，明确了改变其想法需要什么条件，那么你可以引导谈话转向如何弄清楚信息来源或信息是否有效。你不妨在开始之前先询问对方我们应该去哪里找答案。然后你可以重新将谈话的重点放在如何寻找必要的信息上。如果你对这个问题一无所知，那么不妨把对话切换到学习模式，让你的谈话伙伴暴露出他自己的"图书馆未读效应"。

当一个信念可以被驳斥时，不要扮演"信使"，这一点至关重要。不要传达事实，不要传达你的信条。这样做会让你的谈话伙伴失去反省自己信念和说服自己相信真相的能力——帮助他人修正他们的信念，这比你告诉对方什么是真的要有效得多。如果你的谈话伙伴已经敞开心扉，不要滥用对方的脆弱来传达你的信息。因为这样做，你并不是在帮助他们变得对自己的信念更谦逊，而是试图让对方接受你的信念。这种做法在宗教布道和高压销售中很常见，从道德上来说是很粗鄙的。

在谈话中加入驳斥问题

1. 一旦你有了一个要讨论的问题，你不妨问问你的谈话伙伴，他有多相信自己的信念。

（1）如果对方的回答是"10分"，他们的信念就是不可驳斥的。你可以通过询问对方以下的问题来确认这一点："我只是想确保我的理解是正确的。是不是你遇到的任何证据，即便是假设的证据,都不能让你改变主意?对吗?"如果他们给出肯定的答案,那么你有以下选择:转为采用学习框架,提问几个驳斥问题来了解他们的信念;询问他们为什么相信这一信念,并尝试弄清楚他们的认识论;把谈话转向道德和身份问题,对"好人是否应该愿意改变自己的信仰"进行干预;或者选择走开。

(2)如果满分是10分而他们选择打9分,那么他们的信念就是可以驳斥的。你可以马上接着问:"我很好奇,你为什么不打10分?""什么证据可以调整你的评分到8分甚至是7分?"

(3)如果他们的回答在中等范围内(包括9分),你可以询问对方一个不那么直观的问题:"为什么你的信心不是×(一个更高的数字)?"这有助于对方思考自己怀疑信念的原因,而不是他们相信信念的原因。

(4)如果他们的信念可以被驳斥,但只能在极端不合情理的情况下,那么你需要选择是否继续你们的谈话。如果你选择继续,可以问一些驳斥问题和局外人问题。如果你们的谈话氛围轻松舒适,你可以诚恳地说出你的关切,把对方看成一个理性的人,并围绕理性的人应该相信什么来重新构建谈话。

2.如果你想与一个有着不可驳斥信念的人交谈,那么按照顺序提出以下问题,并进行简短的后续提问:

（1）认识论问题。

"所以这个信念并不是基于证据的，是吗？"

"你是否也会拒绝修正其他信念，或者只是这一个？是什么让这个信念如此特别？"

"哪些信念是你不愿意去改变的，可以举几个例子吗？"

（2）道德问题。

"为什么不改变这个信念是一种美德？"

"如果你不再持有这种信念的话，你会是一个好人吗？"

"哪些好人是不相信这个信念的？能否举几个例子？"

这种转变让你得以一窥对方持有这种观点的真正原因。换句话说，人们几乎所有不能被驳斥的信念都是出于道德上的原因。

请注意，上述这些问题不应该应用于直接谈论具体的信念，因为后者可能会让你的谈话伙伴处于防御状态。这些问题可以作为谈话的开端，这样你才能看到为什么对方会陷入某种固定认知模式。

3. 而对于那些给自己的信念打 10 分不愿修正信念的人，当你尝试用驳斥问题来询问却以失败告终时，你可以使用下面这个对话模板：

（1）"回想一下 10 年前。"

（2）"你现在持有的信念（关于任何问题）与 10 年前完

全一样吗？"

（3）如果对方的回答是肯定的，那你可以把时间再放长，再重新向对方提问一次。

（4）如果对方说承认他的一个或多个信仰已经改变了，那么你可以接着问对方："10年前你相信了一些你现在不相信的东西。10年后，你会意识到10年前的你相信了一些不真实的事情，对吗？"

（5）如果他们承认从现在起的10年后，他们会回顾过去并理解他们曾拥有错误的信念，那么你就可以把话题转移到有问题的信念上："你怎么知道这个信念不是你以后认为是错误的信念？"不过需要注意的是，这是一个经过校准的问题。

（6）如果他们表示从他们记事起，他们就一直有完全相同的信仰，那么他们要么是对你不诚实，要么是对他们自己不诚实，要么是陷入了一种极端的信念封闭状态。也就是说，他们的信念是封闭的，是不能改变的。在这种情况下，你要评估是否应该继续对话。

经过这一系列问题，他们应该更容易接受进一步的驳斥问题。最后，不要让这个技巧成为你的首选，否则你将不会精通如何提出驳斥问题。

四、"是的,那么……"

让我们窥探一下喜剧即兴表演的世界。

在没有剧本指导的即兴表演舞台上,通常会出现这样的情况:一个演员在舞台上提出了一个主意,其他演员肯定了这个想法,并在这个想法的基础上,提出自己的想法。

举个例子,一个演员可能会说:"哇,我从来没见过天空中有这么多星星。"

共同出演这一场景的演员在此时只有一个任务——同意对方的想法,并添加一些新的想法。所以,上述例子中,另一个演员可能会说:"我知道。在月球上看星星,感觉它们完全不一样了。"

这句简单的话肯定了第一个演员的话,同时又增加了新的想法(比如他们离城市很遥远,他们实际是在月亮上)。反过来,这句话肯定也给第一个演员提供了一些信息基础,并为这个场景增添了许多可能性。

如果第二个演员否定了第一个演员的提议:"我看不到任何星星,现在是大白天。"那么这个初现苗头的场景就会戛然而止,第一个演员会手忙脚乱地寻找一个能让场景迅速恢复、让观众觉得有趣的回应。

终于摆脱了"但是"

不妨考虑把"但是"这个词从你的口语词汇中剔除掉,改用"那么"来串联你的想法,这也是即兴喜剧中的一种流行手法。

通过"是的,那么"这种方式,你可以承认对方的意见和你的意见同时有效,即使存在明显的冲突。

"但是"这个词很可能会让人产生抵触情绪,尤其是当你和你的谈话伙伴意见不一致的时候。"但是"会阻碍思想的交流,在讨论中添加谈话障碍。用"是的,但是……"这种回答方式不是在认可谈话伙伴的观点,而是在挑战对方说过的话。

我们不妨比较一下:

"是的,那么我们应该如何解决非法移民子女问题?"

"是的,但是我们应该如何解决非法移民子女问题?"

我们不妨再比较一下:

"这是个不错的主意,那么那些想要购买枪支的重罪犯该怎么处理?"

"这是个不错的主意,但是那些想要购买枪支的重罪犯该怎么处理?"

如果你完全不同意对方的观点,也不想说"是的"这个词,

那你可以用"有意思"这个词,再接着说"那么"。比如:

"有意思,那么在美国因非法销售大麻而损失的税收收入该怎么办?"

"有意思,那么在美国我们该如何处理在公共场所焚烧国旗的问题?"

(注意,这些"怎么办"和"如何"问题都属于"精准的问题",不会直接引出"是"或"不是"的回答。)

在上面举的每一个例子中,前半句话都是承认对方的观点,后半句话也没有做出否定。这就是"是的,那么……"句式的核心。"是的,但是……"这种表达方式会让人觉得接下来你要否定对方,这会让你的谈话伙伴捍卫自己的观点。而"是的,那么"这种方式,则是请对方更多地解释自己的想法,这将有助于促成一次富有成效的谈话。哈佛大学谈判项目的联合创始人威廉·尤里指出,这里的关键是——把你的观点当作是对对方观点的补充,而非对对方的反驳。

最后,要说一下"有意思"这个词。你觉得某事有意思,并不意味你同意这个观点。"有意思"是一个模糊的词,它只意味着你觉得他们所说的值得注意。如果你极其不赞成对方的观点,那么你可以在表达自己的观点时用"那么"来引出你不同意的立场,然后再继续陈述你的观点,比如像这样:"我很清楚你为什么对这个问题的态度这么坚定,而且我尊重你的想法。但是我想告诉你我是怎么看的。"如果你把"但是"换成诸如"如果你不介意的话"这类的表达方式,可以让对话进行得更加顺利。

和"但是"说再见

1. 把"但是"从你的日常交流词汇中删去。

用"是的,那么……"代替"是的,但是……"或者"不,但是……"如果你不同意某人的观点,你可以说"有意思,那么……"或者"我了解了,那么……"

2. 如果你的观点和对方的观点是同时正确的,那么就说出这类并列词。

在一个句子或者几个句子中,用"那么""然后""还有"等连接词把句子连接起来。比如"如果我没有理解错的话,你的观点是 X,然后我的观点是 Y。那么当我从你的角度看问题时,我就会明白 X 为什么是正确的;然后当我从自己的角度看问题时,我就会明白 Y 为什么是正确的","我明白了为什么取消资本利得税可能会造成赤字,还有我也明白了为什么取消资本利得税可能会增加就业"。

五、应对愤怒

心理学家保罗·埃克曼是情绪研究的先驱,他曾说愤怒会激发出愤怒。也就是说,愤怒经常在个人内部以及人与人之间进行加速循环。发脾气不仅会毁掉谈话,还会破坏人际关系,切断沟通的桥梁,终结友谊,甚至还会给身体带来伤害。

如果某些谈话或者某些人让你感到沮丧、生气甚者愤怒,让你无法表现得像个成年人一样,那么你不妨离开。当你有所疑虑时,就退出谈话。喜剧演员格劳乔·马克斯曾打趣道:"生气时说的话会让你后悔一辈子。"

要做到远离或克服愤怒,需要你意识到自己和对方的愤怒,越早意识到越好。幸运的是,确定有一些方法可以有效处理愤怒。了解愤怒是如何运作的,在跨越分歧时尤为重要。

愤怒通常来自挫折或冒犯。我们会对阻碍我们实现目标的挫折感到愤怒。当你想要改变你谈话伙伴的想法,或者让他倾听并理解你的观点而没能如你所愿时,你可能还没明白是怎么回事,你们彼此之间的怒火就爆发了。而当我们认为这些干涉或冒犯是故意的时候,怒火就会更大。(在这里,你不妨善意地假设你的谈话伙伴是出于好意。)

埃克曼曾说:"愤怒是在提醒我们,有些事情需要改变,如果我们想要有效地实现改变，那么我们需要知道愤怒的来源。你需要转变一下方向，而不是强行解决问题。即使是在你的谈话伙伴错得离谱的情况下，也应该由你来做出改变，因为你不能控制别人，你只能控制你自己。如果你的谈话伙伴变得不高兴，那可能是因为你操之过急，让他感到没被倾听，也可能是因为你使用了激烈的语言，或者对方生气的原因根本与你无关。不管怎样，一旦愤怒的情绪在对话中蔓延开来，就说明出现了一些严重的问题。"

关于愤怒的四个事实

下面是关于愤怒的四个事实：

1. 愤怒会蒙蔽你的双眼，并让谈话偏离原先的轨道。

你可能听说过"盲目愤怒"，但即使是温和的愤怒，也会让你成为自己神经系统的受害者。情绪，尤其是愤怒情绪，会限制你获取并处理信息。因此，当你生气的时候，你很难保持友好。

2. 愤怒也会为它自己找理由。

你可以把愤怒看成一种强烈的认知偏见，它会促使你确认自己的愤怒是合理的。愤怒会让你对一些信息做出错误的解读，而这些信息原本并不会给你带来愤怒情绪。由此产生的影响很有害，因为它会让你假定你的谈话对象有不良意图或是不道德的。比如："你这么说就是想让我难过！"

3. 包括愤怒在内的所有情绪都有一个"不应期"。

在不应期内，你的神经系统和暂时的情绪偏见会严重影响你对信息的处理。除了等待自己度过不应期，别无他法。情绪越激烈，这种影响持续的时间越长，从几秒钟到几个小时都有可能。

4. 通过了解愤怒如何运转并尽可能避免它，你可以把愤怒对你的谈话和生活的影响降至最小。

从上述四个事实中，我们可以总结出应该做和不应该做的事。

不应该做的事

不要以"怒"还"怒"。如果你的谈话对象生气了，不要用发脾气来回应对方。这点在你遭受人身攻击时显得更为重要。如果有人侮辱了你，不要反过来也侮辱他们。这么做只会让情况更糟糕。

不要指责（多谈贡献）。在紧张的谈话中，不要评判或指责你的谈话伙伴。不要说："我只是想和你好好谈谈，而你却生气了。"你这是在责怪对方让你们之间的谈话偏离了原来的轨道，这与前面提到的搭建"金台阶"的做法背道而驰。

不要对谈话对象的意图、动机或生气原因做出负面的假设。你不知道对方究竟为何生气，除非他明确地告诉你。他可能因为你本人或因为你所说的某些话而生气，也可能因为讨论的话题而生气，或是因为自己或自己的反应而生气，还可能是因为一些完全与你或与谈话无关的事情生气。

最重要的是，如果你觉得不稳妥，就不要再继续谈下去，离开就好。必要时，找个借口然后走开。

谈话中应该做的事

监控自己以及谈话伙伴是否有生气的迹象，并在它蔓延开来之前采取行动。在控制自己愤怒情绪方面，你并没有太多选择。要么缓解一下愤怒情绪，要么直接走开。你可能确实只需要几分钟的时间克服一下不应期，冷静下来，然后以一种更加富有成效且文明的方式参与谈话。或者就直接走开。

让自己冷静下来的方式有很多，包括转变话题、重新组织谈话、假定对方拥有善意并专注于此（比如有些人会不断告诉自己"他只是想帮我的忙"，以此作为一种情感良药）。了解对方这么做的理由（即专注于认识论），或是结合上述所有建议，了解这次谈话让你生气的原因，以及了解你能做些什么来缓解自己的愤怒。

停顿一下。当你感觉到自己或是对方开始生气时，停顿一下，保持片刻的沉默。在情绪最激动的时候停下来，是为了切断情绪与行动之间的自动联系。这一技巧的关键，就在于"放慢速度"。

　　倾听。当你的谈话对象开始生气时，在大多数情况下，你能做的最好的选择就是，停止你手头正在做的任何事，然后倾听。人们很难对一个耐心且认真倾听的人一直保持愤怒。如果你能尽早打破令人沮丧的对话循环，转向倾听和学习模式，你就能在对方爆发之前控制住他不断堆积的怒气。承认对方观点的做法也很有效，这可以减轻他们的沮丧情绪。至少在双方都冷静下来之前强调你们的共识而非分歧点。要记住，听对方把话说完，甚至是承认他们的观点，并不等于赞同。

　　承认愤怒，并为你的愤怒道歉。道歉可以让人放下戒心，尤其是那些咄咄逼人或过分自信的人。人在生气时的攻击性和自信心会比平时更强，所以不要低估迅速道歉所具备的能力。在说下一句话之前，先说一声"对不起"，当你们的对话不再充满愤怒和敌意时，再说一遍。

　　学会走开，在必要的时刻。

在谈话之前要做的事

学会识别不断积累的怒气，这样你才能尽快应对这一情绪。

尽早识别出你的愤怒情绪，并在它成为对话中的不利因素之前，及时引导。下面这种做法看起来有点做作，但却十分有效：找一个安全、私密的空间（不是在谈话中途），用尽可能生动的方式，回忆你当时生气的时刻。在脑海中清晰地想象这个场景，直到你感觉到自己开始愤怒，然后记录下自己感觉到了什么。也许你会感到紧张，或是你的呼吸发生了变化。也许你会眉头紧锁，牙关紧咬，也许你会觉得全身发热，或是感到要被刺激做出一些行动。让这些感觉在脑海中发酵大约30秒，然后自我放松、自省。如果你能迅速识别出你的愤怒，那么你就能迅速采取相应的行动。

一旦你能有效识别出你愤怒初期的最早的感觉，当这些感觉产生在其他情境中时，你就能迅速发现它们。你越早意识到自己开始心烦意乱，你就能越早采取行动来制止它。

尊重情绪不应期。把你对愤怒的感觉和对情绪不应期的理解结合起来。一旦你感到愤怒，承认它，然后提醒自己，你可能无法立刻改变。在不应期结束之前，你都是自己神经系统的囚徒。而在神经系统和心理状态恢复正常之前，你有效参与问题谈话的能力会降低。这会把谈话带向不文明之路。

提前识别你的愤怒导火索。埃克曼提供了一个避免在谈话中愤怒的小贴士：在你开始进行可能会让你生气的谈话之前，努力找出你的愤怒导火索，并提前化解它们。如果某些话题会让你生气——包括种族主义、强奸、亵渎神明、亵渎国旗等道德导火索——在它引诱你把愤怒带进文明谈话之前，就承认这种倾向。

识别那些可能会让你生气的词，并找到绕过这些导火索的路径。记住，你的伙伴很可能尽最大努力在表达他的想法。他使用让你觉得冒犯的词语可能是因为他不理解，或者没有其他可用的词。你可能也在做同样的事。记住这一点可以帮助你学会放过那些微小的冒犯。

如果你发现某些道德导火索是如此敏感，你根本找不到任何方法来阻止它们令你愤怒，那就了解这些导火索到底是什么，然后采取行动。你可能需要一个值得信赖的朋友或是咨询顾问的帮助。同时，如果你的导火索出现在谈话中，不妨先接纳它，比如你可以开诚布公地向对方承认："我不明白为什么，但那个话题总是让我心烦。让我们谈谈别的事情吧。"

你无法预测谈话中可能出现哪些导火索，无法完美地保护自己不受这些导火索的影响，也无法阻止他人说出自己的想法。因此你有责任化解或解除自己的情绪导火索。如果你觉得自己做不到这两件事，就不要谈论让你觉得不安的话题，也不要和让你觉得沮丧的人交谈。

承认愤怒情绪的注意事项

指出愤怒往往会被愤怒的人理解为一种指责，这会引起更多的愤怒。也许这是愤怒寻求自我辩护的另一种方式。解决这个问题的一个简单方法就是，将愤怒称为"沮丧"。

不要说："你对这件事很生气，也许我们应该换个话题。"相反，你可以向对方承认："我们在这件事上的分歧似乎很深，我明白这是多么令人沮丧。也许我们现在应该暂时搁置这件事。"注意这里的措辞是开放的（"我们"），没有使用明显的感性词（"似乎"而不是"感觉"），并且这里是在邀请对方做出新的尝试。

我们更容易在生气时对谈话伙伴的意图做出错误的假设，说一些过后会让自己后悔的话，试图用言语伤害对方。在大多数情况下，我们也不太可能当场道歉，改变主意，或听对方说完。事实上，当你生气的时候，你不太可能听到你的伙伴真正在说什么，你愤怒的反应只会让自己更生气。

最后，学会从你的谈话伙伴的角度看问题是非常必要的，引用前哈佛大学法学教授罗杰·费舍尔和他同事的话，这也是

"谈判者可以拥有的最重要的技能之一"。在《达成共识：在不让步的情况下谈判》（Getting to Yes: Negotiating Agreement Without Giving In）一书中，作者称："如果你想要影响对方，你还需要用同理心理解对方观点的力量，并感受他们相信自己观点的情感力量。像在显微镜下研究甲虫一样研究他们是不够的，你需要知道当甲虫是什么感觉。"

应对愤怒的最佳做法

1. 咬住你的舌头。

不要反击。尽管你想大发雷霆，不要这么做。猛烈的攻击会激怒对方，而你的目标应该是缓和紧张局面。

不要管别人说什么，不要回应对方的侮辱和谩骂。如果有人说你蠢，你也回应说他们蠢，这只会使情况更糟。

2. 不要在感到生气或者感到被冒犯的时候回复电子邮件或社交媒体上的评论。

等一等，等到你冷静下来之后再回复。（你也没有义务回复社交媒体的帖子。对任何在社交媒体上侮辱你的人，你都不需要关注他们。）

3. 倾听，倾听，再倾听。

如果你们的对话变得紧张，那么你不妨选择倾听对方。在你想结束倾听时，再多听一会儿，询问一些澄清性问题，然后继续倾听。最后，再做出回应。

4. 不要否认紧张的局面。

在某些情况下，你可能需要承认紧张和消极的感觉，比如压力或焦虑。

5. 避开"生气"这个词。

当一个人难过的时候，说他很生气听起来像是在指责。相反，你可以考虑承认这次谈话令人沮丧，并指出它"令人沮丧"。

6. 放慢速度。

当你让整个谈话过程慢下来的时候，你同时也在让这场谈话平静下来。

7. 在紧张时刻之后，立即做一个感同身受的陈述。

这是一个双方建立更深层次联系的机会。你可以对对方说："这很难。""那肯定很让人恼火。""我明白了。""这也让我感到很沮丧。"

8. 安全第一。

不要忍受愤怒的咆哮。结束谈话。

第五章 处理冲突的五个技巧

> **总　结**
>
> 　　现在你应该能很好地处理存在争议问题的谈话。一旦你达到了熟练的程度，本章的技巧将帮你避开许多谈话中的困难因素，同时能将对方坚定的信念转向为持有合理的怀疑。
>
> 　　读到这里，也标志着你到达了一个里程碑。在第二章和第三章中，我们主要了解了一些关于良好沟通的基本要素，在第四章和第五章中，我们学习了如何应对更为困难的谈话。现在，我们将继续学习专家和大师级别的技巧。

第六章
像谈判专家一样打破僵局的六个技巧

打破沟通障碍

本章的主题是讨论如何与思想封闭或僵化的人进行沟通，我们强烈建议读者熟练掌握前几章的技巧后，再尝试整合本章的技巧。下面本章将讲述六个专家级技巧，帮助你打破沟通障碍。

第一，你将学习"综合"。综合是指专业的哲学家进行的一种哲学交流。你和你的谈话伙伴同意帮助对方理解你们各自所不理解的内容，然后优化你们的立场。这需要勇气和好奇心。

第二，你将学会用一些策略来帮助他人发泄情绪。这个技巧最适合用在朋友和关系密切的人身上。允许他人发泄情绪是一种耐心，你需要整合前几章的技巧一起使用。你也可能会听到一些你不愿意听到的东西，但是如果你有足够的耐心，很可能你们沟通中的障碍会消失。

第三，你将学到如何通过塑造角色来帮助你的伙伴考虑另外一种信念，塑造角色也被称作"促进头脑风暴"。通过塑造角色，你把对方塑造成为一个特定的、他们会为之而努力的角色，引导他们在这个角色下讨论他们自己的新想法和行为。这个技巧有时会用于高压销售。

第四，本节内容将教会你如何应用人质谈判的前沿研究成果与思想封闭的谈话伙伴成功交谈。

第五，有些人持有的信念是无法据此采取行动的。本节将向你展示如何与此类人沟通，并会一步步地指导你，如果遇到这种情况应该如何应对。

第六，本章还谈到了反干预策略和技巧。即如果某人将本书中的技巧应用在你身上，你该怎么办？本节会给你一系列选择，你可以选择接受它，也可以选择挫败对方的干预。

一、综合

"综合"是在维持拉波波特法则的基础上寻求驳斥对方的信念（即证明对方的信念不成立）。"综合"意味着利用对方的信念和对方驳斥的陈述来改变自己的信念。这个技巧的目标是澄清和强化你的立场，而不是寻求你们双方达成一致意见。"综合"是指你与对方一起更好地理解谈话主题，并生成一个更细致的观点。当你们的信念数值等级都低于8分时，或是你们每个人的立场（为了争论）都可能与你们的实际信念不匹配时，是该技巧大放光彩的最佳时机。例如，你和你的谈话伙伴对一个话题有着不同的观点，并为之争论，你们可能都同意这么做，因为这样你们就能更好地理解关于该事物的不同观点，即使这些观点不是你的观点。"综合"的目标是更好地理解。这需要你们之中至少有一个人不拘泥于自己的信念。事实上，运用"综合"技巧的一个有用又有趣的方式是，假设你自己倾向论点的相反观点，尽你所能为它争辩。

你们可以将双方不同的观点作为一个杠杆工具，帮助你们抵达真相。哲学家广义上称之为"辩证法"。辩证思考你和对方的观点，更新调整你的立场，同时给对方一个机会做出同样的举动。

达到"综合"目标的五个"简单"步骤

"综合"是一件很难的事情，但是又很直接。下面是达到"综合"的五个基本的步骤：

1. 提出一个想法，或是邀请对方提出想法。
2. 邀请对方回应，并倾听对方的反驳意见。
3. 利用这些反驳的言论生成特定的驳论方式，证明你自己的信念不成立。也就是说，要有意识地利用对方的不同意见，关注自身立场的弱点，并探索途径伪造你的想法。
4. 运用（可能的）驳论实例来优化你的原始立场。加入对方反驳的言论来调整你的立场。

5.重复。从你经过优化的新立场开始，再复述一遍。

第一步——提出一个想法。提出一个你想优化的想法，或者邀请你的谈话伙伴提出想法。如果你提出的想法深受你的身份、道德、信仰或党派影响，那么你会从"综合"的过程中获得最多益处。如果你提出的想法是一个道德信念，谈话会变得更加困难，但同时你也会获得极大的好处，因为在道德信念中几乎总是存在认识论的盲点，"综合"可以帮助揭示这些盲点。

第二步——邀请对方提出反驳意见。此时，你在要求对方给出一个不同的视角来挑战你的信念，你在期待这种信念可能会被破坏。这也许很难，因为这可能会让你感觉糟糕甚至挑战你的身份，但如果你想要做正确的事情，你应该在情绪上和心理上都准备好迎接对方的挑战。

想要最成功地利用"综合"技巧，你会希望你的谈话伙伴揭露你的理论中至少一条明显的缺陷，或是揭露导致你犯错的道德偏见。记住拉波波特第一条法则：在你准确复述出对方对你想法的批评之前，不要跳过第二步，确保对方确认你已经完全理解了他的批评言论。

第三步——使用反驳言论来证明你的信念不成立（驳论），这是一个合作互动的过程。邀请你的谈话伙伴帮忙，清晰地制定出你的信仰可能出错的方式。这些出错的方式应该是具体的例子，并且你们应该清楚，为什么在这些条件下，你的信念是错误的。例如，你可能会认为某项特定支出（如猪肉桶购买费用）都代表了政府的腐败，因此应该是非法的，而你的谈话伙伴可能会指出，立法者之间的特殊利益交易方式可以是积极的，也可以促进立法者之间的合作关系。

第四步——使用驳论来优化你的原始立场，也就是把你在前面几步中所学到的内容运用在优化自己的原始立场上。

最后一步——重复。用你优化后的立场，重新开始你的谈话。当然，你的谈话伙伴可能无法立即提供更多有用的反馈，这取决于第一次"综合"后收到的批评内容，也取决于你的信念优化程度。最好是在重复之后搁置这个谈话主题，或者主动提出对对方的一个信念采取同样的"综合"过程。

你可以在任何存在分歧的观点上使用"综合"技巧，但这个技巧不适用于有逻辑矛盾的观点（比如声称方块是圆的），也不适用于对基本事实存在分歧的观点（在这种情况下，你应该"寻求外部帮助"）。即使你们中的一个或双方都存在错误的信念，也有"综合"的空间。

如何像哲学家一样交谈

"综合"技巧要求你和对方之间有着安全的学习和合作框架，以及修改你信念的意愿。如果你的伙伴不能提出驳论，是不可能进行"综合"的。要像苏格拉底一样接近对方的想法：根据对方理论的优点权衡驳论条件，不用拘泥于正确与否。

在你通过上述的五个步骤逐渐掌握这个技巧后，你的行为会看上去越来越自然：

1. 提出一个想法。

2. 邀请并倾听对方的反驳言论。

请你的谈话伙伴帮你理解他所认为的你的漏洞。比如："我漏掉了什么？我的推论有缺陷吗？或是我遗漏掉了什么信息？"你需要提醒自己，（批评）你的信念不代表（批评）你。

3. 制定出信念不成立的情况（驳论）。

4. 使用（可能的）驳论实例来调整你原本的立场。

在立场中加入对方的反驳言论，以调整你的立场。明确地再说一遍你的新立场。

5. 重复。

再次"综合"你的新立场。如果谈话已经终止，或者你需要时间思考，感谢对方，结束谈话过程。

二、帮助发泄愤怒

鼓励朋友倾诉

有时候,你的朋友需要发泄。你可以鼓励你的朋友,让他把心中的所有事情都一股脑倾诉出来,然后由你来为对方搭建"金台阶",不要打断他的话,持续倾听,允许他犯错。有时候,人们咆哮只是简单需要有个人来倾听,当他说完的时候,再使用"谈话深入工具"(深入沟通想法)和"谈话扩展工具"(保持谈话向前推进)。比如用"再继续跟我说说"作为邀请的话语,邀请对方扩展你们的谈话。

"发泄情绪"最适合用在无法实质性参与讨论的伙伴身上,因为他们的情绪过于强烈,或是谈话中渗入情绪,造成一定阻碍。在你开始讨论一个问题后的几分钟内,你通常会感觉到在何时使用"发泄情绪"有所帮助。这里有一些暗示:对方开始反复批判指责他人;责怪他人;态度开始趋于坚决;表现出明显的愤怒。这些行为表明对方需要公开表达出自己的感觉。(这些行为也可能意味着,此时进行谈话是不可能的,而你的伙伴只是需要有人倾听他说话,或者,这些行为也可能是你该退出交谈的线索)。你可以提出这一精准的问题:"在这种情况下,你感觉怎么样?"

第六章 像谈判专家一样打破僵局的六个技巧

暂停讲话，倾听对方。不要与对方争论，不要反驳或者质疑对方。一旦他说出了他想说的每一句话，你可以表示："我想听你说更多。"如果他明确表示："就这些。"你不妨再次确认："你确定吗？"然后倾听他的回答。在他说完后，你才可以提出你的问题——这些问题应该专注于更深入地理解对方的考虑。

如果你确定他没有更多的话要说，那就立即转换到拉波波特法则的前三条法则：重新表达对方刚说过的观点，并询问你的理解是否正确（第一条）；如果你的复述是准确的，那么列出你同意的部分（第二条）；讲讲你学习到了什么内容（第三条）。但是，不要使用第四条法则，在你允许对方发泄之后，不应该有任何反驳或批评。你可以把发泄看作是建立融洽关系的途径。停下来，让你的伙伴指出下一个谈话方向，这通常是最好的做法。

如果你给你的朋友一个机会来表达他的情感或意识形态，他可能会变得愤怒或沮丧。你要做好面对愤怒的准备，或者在必要时走开。（如果这个技巧听起来像是临床心理学家和专业顾问进行的治疗过程，那是因为这的确有密切关联。注意：如果你不是一个专业的咨询顾问，那就不要试图扮演一个这样的角色。这会破坏你们之间的谈话，破坏你们的关系，可能还会损害到对方的幸福。做一个有耐心的倾听者就好。）

你的朋友可能会敞开心扉,越过一些障碍与你交流(这有可能会暴露出他的"图书馆未读效应",或是他信念背后的身份级别原因),或许他也可能不会敞开心扉。"发泄"技巧旨在让你的朋友感觉到被人倾听,让他越过痛苦和防备与你交谈,并准确地理解是什么造成了他的痛苦。这是在给他一个感情空间。你也许能、也许不能解决他的问题,但你应该对他的忧虑有着非常明确的认识,这样你就知道如何帮助他。

如何帮助他人发泄情绪

让你的朋友发泄情绪能加深你们之间的友谊。如果你在倾听别人发泄或是应对愤怒时感觉不舒服,那就不要尝试使用这一技巧。

1.开始时,你可以对对方说:"可以告诉我更多""你对它的感觉是什么?"

然后倾听。倾听。再倾听。

通过重复特定的情绪词,表示你感受到对方的情绪。

如果对方使用了"沮丧"或"愤怒"等词,你也应该使用这些词。"没错,这的确令人沮丧。""是啊,这也太让人愤怒了!"做一个有同情心的倾听者,让这次谈话给对方带来安全感。

当对方停止讲话时，如果你想开口说什么，不妨先暂停几秒钟。

不要急着去填补谈话空白。让沉默发挥一定作用。

当朋友停止发泄的时候，表示你想听更多。

使用谈话深入工具和扩展工具。可以这样问对方："再跟我多说些吧。""那是什么原理？"

2. 建议你的伙伴描述（而不仅仅是表达）他的感情。

帮助你的伙伴以一种防御性更低的方式来表达相同的想法，即让他尽可能仔细地描述他的感受，同时补充一些细节。让对方确认自己的情绪，而不要在他发泄时为他的情绪命名。

3. 提供真诚的帮助。

你可以询问对方："我现在，或将来，可以怎么帮到你？我能做点什么？"如果你有能力的话，不妨帮助他，跟进这件事，让他知道你都做了什么。

4. 当你的朋友的情绪发泄完后，就让这件事过去。

不要尝试强迫对方与你进行谈话。如果这个话题很重要，就在你们都有机会思考它之后，再回来探讨。

三、塑造角色

塑造角色是社会学家尤金·温斯坦和保罗·德什伯格于1963年提出的一种说服技巧。下面是它在护理中应用的一个例子：

假设护士发现了一个冠状动脉病人违反医生指示。护士现在可以采取三条基本行动路线，诱导病人回到床上，他可以：1.使用命令："回到床上。"2.援引上级的话："医生说……"3.塑造病人的角色："一个有着您这样身体状况的人……"在第三种情况下，她告知病人的是，他是个生病的人，而病人的义务之一是卧床休息。

在这个例子中，护士根据特定的条件建立了病人的角色，也暗示了相应的期望。她塑造角色的逻辑可以归结为以下三点：

1.有这样身体状况的人应当卧床休息；

2.你有这样的身体状况；

3.因此，你应该卧床休息。

下面是更多关于塑造角色的例子：

第六章　像谈判专家一样打破僵局的六个技巧

彼得在他女儿的小学学校里，听老师们讲下一学年要学的课程。其中一位老师对"绅士风气有多糟"很感兴趣，她打算让学生们阅读谴责其弊端的材料。讲座结束时，彼得走近她说："谢谢你向我们展示这些内容。你给我留下的印象是一个公平的人，一个对批判性思维和教孩子以不同视角看待事物感兴趣的人。你也会教他们关于绅士化的其他观点吗？"她回答道："是的。当然。有一本书为孩子们讲述了这个问题的另一面。"

值得注意的是，这位老师在讲座中没有提到任何有关公平、批判性思维或事物不同视角的内容。彼得把她塑造成了这样的角色，因为他希望她能教授关于绅士化的多个不同方面（以及其他问题的不同视角）。

如果你对一个正在发短信的人说："哇，你发短信真快啊。"你就把他塑造成了一个发短信很快的人。对方会接受这个人设，想让自己打字更快。

分配角色

塑造角色是一个有力的技巧，但也是一个有争议的技巧，它可以用在影响他人做出行为改变上。对方会被塑造成为不同的角色，在这些角色中，他会更容易被影响。这一方法是，给对方分配一个相关的角色——帮助他把自己想象成一个有道德的人、一个细心思考的人，或是一个文明的沟通者，然后鼓励他按照这个角色的方式思考或行动。

"塑造角色"的道德伦理可能是模糊的，因为该技巧存在潜在的操纵性。此外，人们也可以被塑造成一个负面的角色，从而被诱导去打造这一负面的人设。例如，你可以轻易地把某人塑造为懒惰的或是思想封闭的。另外，如果你以错误的方式塑造角色，也可能会造成反效果，因为你为某人塑造的职责可能不是他们认为自己必须履行的职责。例如，可能你把某人塑造成为一个"社会公正教师"，但对他们来说，这意味着向他的学生灌输一些他不认同的价值观。

通过以下两种谈话技巧来塑造角色，我们可以回避这些伦理方面的问题：

1. 删掉对方最喜欢的解决方案。
2. 在开放友好的氛围中进行谈话。

这些技巧不会带来道德上的困惑，同时仍被证明是有效的灌输怀疑手段，可以去除对方的解决方案，并进行文明的对话。

删掉对方最喜欢的解决方案

假设你正在讨论非法移民问题，你的谈话伙伴强烈建议将

第六章 像谈判专家一样打破僵局的六个技巧

驱逐出境作为最终的解决方案,而你对此持反对意见。你可以说:"我听到了你说的,我对你的观点很好奇。假设你是一个移民委员会的参议员,你的任务是解决我们的移民问题。你在那里工作是因为你善于解决问题,你的意见对委员会很重要。现在,假设你知道参议院绝对不会选择接受驱逐出境的方案。你的任务是提出不依赖驱逐出境(除非在极端和无争议的情况下再使用,例如杀人犯)的最佳解决方案。如果你不得不提出一个建议,而你不能建议接受驱逐出境,你会提出什么方案?为什么呢?"

这段话运用了很多技巧。你承认听到对方的观点("我听到了"),并询问他的观点("我对你的观点很好奇"),同时使用了"精准的问题"。然后,你开始塑造你的谈话伙伴,将他塑造成为一个很好的问题解决者("你是一个很好的问题解决者,你的意见对委员会很重要")。在假设的情况中,你限制了对方,使他的首选解决方案不可用("假设你知道参议院绝对不会选择接受驱逐出境的方案"),并要求他进行头脑风暴,考虑其他的可能性("你的工作是提出不依赖驱逐出境的最佳解决方案")。在这个被你塑造的角色中,他不得不尽最大努力以一种新的方式思考问题,或者拒绝你为他塑造的这一(积极)角色。

如果你的搭档同意重新思考,他可能在非法移民问题上提出了比大规模驱逐出境更温和的解决方案。此时他有更大的可能改变主意。毕竟，他是在自己提出喜欢的解决方案，而不是你告诉他为什么错了。

如果他不同意你为他塑造的这个角色，或者他不同意重新思考（有些人根本无法接受假设，特别是当他们面对自己珍视的信念时），那么我们建议你放弃塑造，转而使用更容易运用的技巧。当你的伙伴提出他的想法时，你可以把这些想法当作问题来讨论。例如，你可以使用这些问题来帮助暴露他的"图书馆未读效应"，或者让它们成为"综合"的启动平台。

以下是本小节中"塑造角色"的方法总结：

1. 承认你理解了对方的观点。

2. 把你的伙伴塑造成为一位明智的问题解决者，让他扮演一个特定的相关角色。

3. 构建场景，剔除他的首选解决方案。

4. 让他进行头脑风暴，想出其他解决方案。

塑造谈话美德

你可以塑造气氛：让你的谈话伙伴扮演一个重视礼貌并善于进行文明对话的角色。

下面是塑造气氛的方法：

1. 建立融洽关系。

2. 把你的伙伴塑造成一个知道如何进行有效且文明谈话的人。

你可以向对方表示："在我印象中你是个很有礼貌的人，很擅长跟人聊天的人。"

3. 邀请他与你谈话。

这会让你的谈话伙伴扮演一个文明沟通者的角色，然后他会努力去实现这个角色。

另外，在谈话变得过于激烈之前使用该技巧，可以达到救生圈一样的效果。如果谈话开始变得紧张，你可以承认这种紧张，并利用它转而把对方塑造为一个保持冷静的角色。你可以说："好吧，我感到有些紧张。我有点被困住了。你可以帮帮我吗？如果你不介意的话，我想请教一下，因为你看起来很善于保持冷静，你是如何做到在谈论这样的事情时还能继续保持你的冷静呢？"

如何塑造一个理想中的谈话伙伴

1. 先承认（自己听到了或理解了）对方的观点，再进行塑造。

你可以根据你们讨论的问题，将对方塑造成为一个知识渊博、富有创造力的人。引导对方抛弃他的首选的解决方案，让对方进行头脑风暴，提出其他方案。

2.将对方塑造成为一个更好的谈话专家。

你可以直接表示："你很擅长进行文明的谈话。""你很善于保持冷静。"

3.如果对方拒绝你为他塑造的角色，那就放弃使用这一技巧。

4.如果对方试图把你安排进一个角色，要意识到对方正在对你使用"塑造角色"技巧。

你可以选择接受或拒绝对方的观点，指出正在发生什么事，或者反塑造对方。

四、人质谈判

人质谈判发生在可怕的情况下，通常以极端情绪和即将发生的暴力杀人威胁为特点。本书将谈判人员采用的方案浓缩并总结成六个技巧。下面就让我们直接进入这些技巧的应用环节。

人质谈判技巧能给你的谈话带来哪些好处？

在前述章节中，有很多技巧和策略是人质谈判员也会使用的。然而，在你最困难的沟通中，还可以使用一些特定的技巧和方法：

1. 使用"最低限度的鼓励"。

最低限度鼓励可以是"是的""我明白""好的"。最低限度的鼓励不费吹灰之力，就能让你的谈话伙伴知道你在倾听。我们建议在特别紧张的时刻使用最低限度的鼓励词句。

2. 模仿对方。

你可以重复对方说的最后几个字。举个例子，如果对方声称："我真是厌倦这些人把每个人都推来推去，想推出自己的路。"你可以直接重复："推出自己的路？"

麦克迈恩斯和穆林斯的书中举了个例子，"一个被困在银行里的持枪劫匪可能会说：'我必须带着钱离开这里。这是给我孩子的，不是给我的。'一个好的模仿回应应该是：'是给你孩子的？'劫匪可能会说：'是的，他发烧，还感染了，我们没有钱给他买药。我需要用这些钱买药。'"

在同一页上，他们继续举了一个很糟糕的模仿例子："你希望我相信这不是为了你自己？"一般来说，你可以避免这样的错误，只要重复最后几个字就行，把它们当作一个问题来表达，然后听对方说话。在此处应用这一技巧的目标是让此人继续讲话，并自愿说出更多的信息，而这些信息可能在之后的谈话中很有用。

注意：虽然模仿他人意味着你在专心倾听，但是不要过度使用这一技巧。在一个7分钟的谈话里，最好不要使用该技巧超过5次。

3. 贴情感标签。

当你给某人的情感贴上标签时，你就是在给它命名。这类似于前述的帮助他人发泄愤怒的技巧，但更强调的是你对他人感觉的标记，而不是一起进行描述。麦克迈恩斯和穆林斯在书中写道："每当谈话对象表达出强烈的感情时，就可以使用情感标签。它可以用来传达一种深刻理解，或是在审查谈判员对该问题的理解。对于那些处于危机当中并且无力解决问题的人来说，这种方法尤其有效，因为他们的情绪需要被化解。"

麦克迈恩斯和穆林斯接着举了一个例子，"有一个谈话对象，她的丈夫想离开她，去找另一个女人。她很愤怒。她说道：'这两个通奸的人现在是我的人质，我要让他们付出代价。任何人都不应该这样伤害别人。他们将知道这是什么感觉。'"一个使用情感标签的良好回答是："听起来，你因为被丢下感到很受伤。这似乎不太公平。"如麦克迈恩斯和穆林斯所说，这是在"承认对方的感情，而不做出评判"。

在情感上贴标签时要特别小心。彼得发现，如果使用者错误地标记了另一个人的感受（例如，如果你错误地将恐惧标记为愤怒），这个技巧就不那么好用。当使用者一再错误地标记对方的感受时，事情往往会变得很糟糕。

4. 允许对方保留面子。

为对方搭建"金台阶"。

这一条不是一个特定的技巧，但在使用时需要更加注意。如果人们认为自己会丢脸的话，他们就不太可能改变主意，尤其是在那些他们认为重要的人面前。因此，你应该考虑如何让你的谈话伙伴优雅地保留自己的面子。你可以选择对对方说："这是一个非常困难和复杂的问题，很容易出点小差错。"

5. 先处理小问题。

先处理和解决小问题，然后，把大问题分解成许多小问题，让每个问题都变得更容易处理。例如，关于协助自杀或有尊严的死亡的问题，你可以首先澄清医生在"结束生命"问题中的作用。一旦脱离了自己的角色，你就有两个独立但相关的问题，可以一次只关注一个。你可以选择把这个技巧和"询问"技巧结合起来，选择专注于具体的问题（"医生应该起到什么作用？"）而不是宽泛的主题（"协助自杀"或"有尊严的死亡"）。

6. 使用具体的例子或案例，而不是统计出来的数据。

具体的例子或案例比孤立的事实更生动，对行为的影响更大。

五、探索极限

"现在，如果一个白人男性告诉我2+2=4，我不会相信他。"

这是彼得的一位女同事在波特兰州立大学发表的言论。从这样的言论中，我们能看到当前社会观点的两极分化和信任分裂化。当你刚看到这句话的时候，你可能会困惑——如何在一个人说了这样的话之后，进行富有成效的谈话？

然而，正如我们在整本书中所强调的，富有成效的文明对话总是可能发生的。

揭穿虚伪的言论

如果有人宣称自己的信念几乎是不可能做到的，或者坦白说就是不可能的，那么你就可以使用下面的这一实验性技巧。通过探索一个信念的极限，你可以揭示出对方并不是按照所宣称的信念生活的。因为人类习惯于信念的一致性，当你揭开不一致的面纱时，它会导致人们重新考虑自己荒谬的信念。这一

第六章 像谈判专家一样打破僵局的六个技巧

技巧旨在帮助他们理解，他们实际上并不持有他们声称自己持有的信念。（就像有人一边说"我讨厌冰淇淋"，一边吃着一大碗冰淇淋，似乎在享受它。）

当你遇到一个不可能的信念，可以按先后顺序使用以下"揭穿公式"：

1. 运用拉波波特第一条法则：尝试清楚明确地重新表达对方的立场，直到对方说出"谢谢，我要是这么表述就好了"。

2. 明确确认你已经正确理解了对方的信念（含蓄地给了对方一个退让的机会）。

如果你具备他们所针对的特点，首先礼貌地请求是否允许你提问，以便你可以向对方学习。如果你是一个白人男性，可以说："我没有想让你相信什么。我很好奇，想问你一些问题，学到更多东西。"

在这一初始阶段，你可尝试找出对方的信念来源。你可以询问对方："你一直持有这种信念吗？还是最近才持有的？""你是怎么得出这个结论的？很多其他人也这样觉得吗？"这有助于发现该信念的群体支持性质（如果有的话）。一旦弄清楚这一点，你就可以理解对方建立这种信念的社会支持系统，这会让你提出有针对性的问题。

3. 努力理解对方信念在实践中的局限性。

例如，你可以询问对方："如果你去了急诊室，医生碰巧是一个白人男性，如果他告诉你，需要立即做手术来挽救你的生命，你会相信他吗？""如果你走进一个漆黑的房间，想看看这个房间是什么样，你会询问安装电灯的电工性别和种族，还是只是触碰电灯开关？"在外科医生的例子中，你可以接着问："如果其他外科医生都在，你会让一个白人男性外科医生给你做手术吗？"

4. 建议对方举例——有没有什么情况可能导致你的行为与信念不一致？

如果对方说"不"，那么继续温和地使用类似上述第 3 点中的例子。你可以询问对方："你会乘坐白人男性飞行员驾驶的飞机吗？如果你知道飞机是由白人男性研发或制造的话，你会怎么办？"

如果对方表示他不会乘坐一个白人男性飞行员驾驶的飞机，询问他如何在实践中维持这种信念，并询问具体细节。（这可能会暴露对方的"图书馆未读效应"。）

如果他们说"有"，那么询问对方："你能给我举些例子，说说那些你相信但却不付诸行动的事情吗？是什么让这些信念如此特别？"

5. 到了这个阶段，你应该已经清楚自己持有这个信念并照此行动是不可能的。

如果成功了，你可以继续问对方是如何知道什么时候该采取行动,什么时候该破例(又回到讨论认识论的问题)。你可以问:"好吧,如果我理解正确,有时候听白人医生的话是有道理的,但其他时候你认为有充分的理由完全不去相信他们的意见。我们怎样才能确定在什么时间听,什么时间不听呢?"

如果你没能成功,那么对方要么在撒谎,要么是在妄想;或者是你犯了错误,对方确实在按照自己的信念生活。

六、反干预策略

如果你认为某人正在尝试干预你的信念,明显带有灌输质疑的目的,你有三个选择:

1. 接受这种行为。
2. 拒绝这种行为。
3. 使用反干预措施。

本书作者强烈建议你采用第一个选择。

接受对方的干预行为!

如果有人试图干涉你的认知,你不妨选择接受它。通过接受这种行为,让对方继续干预。你可能会发现,你对某个信念的信任度不如你想象得那么合理,然后你(有望)不那么坚持这个信念。你甚至可能改变你的想法,并通过对方学到技巧,并将这些技巧吸纳到自己的技巧中,也可以了解对方犯了哪些错误,并避免这些错误。甚至可以在审视自己的信念时了解自己的感受。如果你接受对方的干预行为,不管结果如何,你都会学到一些东西。

阻碍苏格拉底的石墙

这里有一个秘密:只有当你的谈话伙伴与你互动时,干预才能奏效。他们说什么并不重要。他们只需要说出一些东西。在彼得的博士论文中,他描述了自己如何通过向囚犯讲授批判性思维和道德推理技巧,来帮助他们停止犯罪。他担心的是囚犯们会保持沉默,而不是担心他们会变得烦躁,或是觉得讨论很无聊。如果对方不回应你,那就没有干预,因为没有办法传播质疑——没有什么可以干预,因为没有需要干预的内容。

如果有人试图干预你的认识论或信念,你可以选择不参与讨论,这样保证对方的策略会失败。最好的办法是不要说任何话。第二个好方法是,只对他们的问题提供封闭式的回答,比如"是的"或"不是的"。

反干预策略

当有人试图对你进行干预时，你可以使用反干预策略。当你无法选择保持沉默或是离开谈话时，当你已经决定不去接受对方干预时，可以应用这些反干预技巧。如果你在高压审问中感到自己没有逃跑的空间，也可以使用这些技巧。所有这些反干预技巧都是有效的。但每个技巧都是不诚实的。因此，我们不鼓励使用这些技巧。

在开始之前，假设你知道有人试图对你的信念进行干预。如果你被问到以下问题，就可以证明这一点。例如：你有多相信这个信念？你能接受别人提供什么证据来改变你的想法？

下面是 6 个有效的反干预策略：

1.当对方问你有多相信一个信念时，你可以选择要么给出一个低得多的数字，要么给出一个正相反的数字。如果有人问你："你对应该提高联邦最低工资的观点有多坚定？"（而你此时又不完全坚定）你可以回答："我想我是 6 分。"或者简单回答："2 分。"

在前一种情况下，回答"6 分"会使干预更加困难（如果他们还能看到继续干预的必要，因为 6 分已经说明你存在一些疑问）。给一个较低的得分也会使他们选择使用更少的技巧。

在后一种情况下，不会存在干预，因为你不相信你自称相信的信念。

2.提供成功的假象。你可以在对方的干预初期就声称自己改变了主意。比如一个长时间的停顿之后说出,接着是一个感叹词:"哇,是的。哇哦。"

3.表示出你怀疑自己在质疑自己的信念。引导他们干预你对自己质疑信念的怀疑,而不是干预你的信念。引用上述例子,如果你对应提高你的信念分数到9分(从1到10打分),那么对方会想要对你灌输质疑,并将你的信心值降低到任何一个更低的数字。

你可以邀请对方帮你看看你遗漏了什么,以便你可以打出10分,这是一种逆向转换:"我有些疑问,但我不确定这是否合理。你觉得我对这一观点有疑问的地方产生的不确定性是合理的吗?"如果对方问你为什么想达到10分,你可以直接回答对方:"我想充分探讨它的好处。"

4.如果你的信念很坚定,那么可以说出你的真实信心值(数值等级),并补充说,你宁愿不持有这种信念。你可以说:"我坚定认为联邦的最低工资应该提高,可我希望我不这么认为。"你声称持有一个信念,但希望自己可以停止相信它。

这可以使第六章和第七章中以道德为中心的许多技巧失效,同时把干预者置于一个对他来说未知的领域。干预者可能会更加努力地干涉你的信念,但他这么做时可采用的技巧会少得多。

5. 如果有人用急促的问题提问你（这几乎总能说明他们是新手），你可以口头上敷衍对方，然后在脑中开始倒数。比如，当对方说："为什么你以前不告诉我？"你可以在脑中倒数5条密西西比河，4条密西西比河，3条密西西比河，2条密西西比河，1条密西西比河……这能有效瓦解对方这一技巧。

6. 使用提问来直接逆转干预。例如，当他们询问你有多相信自己的信念时，他们其实是在试图干预你。你可以不回答他们的问题而是反问对方："如果你不介意的话，可以告诉我为什么问这个问题吗？"

你可以直接问他们是不是想要干涉你的信念并想要改变它，你甚至可以开始问他们的目标是什么："从1到10打分，你有多相信我的信念应该改变？你怎么知道你不应该改变自己的信念？"通过将话题转移到他们所持信念的问题上来逆转干预，你能摆脱对方的干预。

还有许多其他技巧可以令谈话偏离轨道，或是逆转对方的干预策略。但这些技巧是非正统的，很容易被对方看穿，这取决于你的专业程度。这些技巧甚至比本书的所有技巧更具有道德上的怀疑性，因此不推荐使用。举些例子，你可以执行下列任何操作：

（1）故意破坏关系。

（2）阐述你自己的认识论（例如声称是你的猫指引你走向真理）。

（3）改变日常用语的含义，并交替使用不同的含义（该技巧称作"模棱两可"，在宗教问题的讨论中经常用在"信仰"一词上）。

（4）提出疯狂的、不合情理的驳论条件，并声称，因为他们无法满足你，所以你将更加相信自己拥有真理。（例如："如果有人向我提供每个难民的犯罪史，我会改变主意。但既然你不能做到这一点，我在移民问题上的立场就更坚定了。"）

（5）宣扬一种相对论，即声称自己的陈述只对你来说是正确的。

（6）在谈话过程中多次提出改变你自己的信念。

（7）假装在特定领域的彻底无知（声称自己甚至不知道你们正在讨论的话题的基本知识）。

虽然上述提到了很多反干预技巧，但在大多数情况下，如果你顺其自然接受对方的干预，你可以获得很多好处，却不会失去什么东西。这可能是一个极好的机会，可以使你更加了解自己。所以，就简单地接受它吧！

第六章 像谈判专家一样打破僵局的六个技巧

总 结

本章介绍了一系列策略和技巧，并为更为老练的谈话专家提供了建议。虽然归类不易，但本章中的许多技巧都属于"如何与思想封闭的人沟通"的范畴，因为当人们不会改变他们对自己信念的信心，或者因为情感原因无法改变时，这些技巧最为适用。

本章中的技巧之所以属于专家级别，是因为它们很难（"综合"），或是需要努力（"帮助对方发泄情绪"），或是需要极大的耐心（"探索极限"）。有些很难在有限的时间内迅速做到（"塑造角色"），而另一些（"反干预策略"）则很难实践，因为这需要有人试图干预你。

不过，这些技巧并不是魔法。想要熟练使用这些技巧，不需要学会绝地武士心术，只需要你不断练习。就像其他任何事一样，你练习得越多，掌握地就会越好。你在谈话中越多地结合本书的技巧，你的谈话就会越有效。

第七章
两个关键因素,帮你改变难以改变的人

如何改变难以改变的人

我们把顽固分子定义为不愿意或无法改变自身信念的人。与顽固分子沟通的尝试几乎都无法建立真正的谈话，通常是对方在向你传达信息。本章将教你如何理解这类人并与他们交谈，也会为你提供一些策略和技巧，用来干预他们的认知并向他们灌输质疑。

成功的秘诀是：理解顽固分子的道德感是如何与个人身份联系在一起的。为了做到这一点，你需要把每次谈话当成同时进行的三个谈话。也就是，你需要明确在事实层面，情感层面和身份层面（一个人如何看待自己）分别发生了什么事。

如果你和别人谈论道德话题，你们其实是在讨论身份问题。当你和顽固分子（或者其他人）交谈时，你们的对话看似是关于事实和观点，但你们必定是在谈论道德问题（也就是在讨论，做一个好人或坏人意味着什么）。理解这层联系是至关重要的。

道德和身份问题无形中牵动我们的情感。当这种信念受到挑战时，我们的大脑中触发的反应与身体遇到危险时的反应是一样的。因此，与他人谈论道德和身份问题时须加倍小心。对于不愿或无法改变自身信念的人，如果你想进行更有效的沟通或施加干预，你需要做到两件事：

1. 了解对方的道德认识论。
2. 熟练使用其他类型的道德语言。

在接下来的内容中，我们会讲解这些技巧以及他们的使用方法。不过在开始之前，你要做好受挫的心理准备。即使你正确运用了最有效的技巧，与顽固分子交谈依然无比困难。你需要耐心。如果你感到困惑，那就回归到"倾听和学习"的基本原则，当然，你也要知道什么时候该走开。

注意：本章讲解的是大师级别的技巧。我们希望读者熟练掌握前面几章的内容后，再尝试将这些技巧应用到谈话中。

一、如何与顽固分子交谈

顽固分子，名词，指狂热拥护某种意识形态的人。

价值观，价值观，还是价值观

对于几乎所有不可能的谈话，其中至少有一方无法提供信念的（现实的）驳斥标准，或否定存在这样的驳斥条件。这个失败特征常常也伴随着其他特征，例如改变谈话方向；用自己的道德标准衡量一切；把所有分歧都解读为要么对方不理解，要么自己正在遭受道德上的失败。

　　因此，你可能会观察到下列特征和行为：极度敏感、高度防备、装腔作势、听不进相反的观点、过度愤怒、尖锐且不公的指责以及贬低或诋毁的称呼。此外还有许多其他特征和行为，均带有一定程度的敌意、自以为是，或是冥顽不灵。冥顽不灵的一个显著特征是：用攻击性的道德语言回应实质性的反驳。当对方的信念被动摇时，他们可能用某些暗示你品行低下的言语来回应。（例如："你根本就不在乎那些死去的孩子！"）

　　当这种情况发生时，你几乎无法让谈话回归真诚。因为你试图交谈的对象正在向你布道，而非同你交流。与信念牢不可破的人交谈，就好像在和对方下棋，而对方手上只拿着把榔头。这种情况令人沮丧、生气，甚至可能会令你受伤。

　　这种交谈到头来几乎都只停留在事实层面（也可能是谩骂或尖叫）。也就是说，从表面上看你似乎是在与顽固分子谈论问题、意见和证据，但实际上你们在谈论道德问题，这些道德问题深深植根于顽固分子的身份认同感和归属感。如果你掌握合适的技巧，且足够耐心，与这类人交谈还是有可能的，方法是专注于认识论。也就是说，把话题从对方的信念转变为对方是如何知道他们的信念是正确的，以及他们的信念如何造成了他们的身份认同感。

和顽固分子对话的模板

在对方未能给出驳斥标准的情况下，如果你还想继续交谈，我们建议采用以下模板：

1. 承认对方的意图并肯定他们是好人——尤其是你觉得对方的信念令人反感的时候。

2. 把主题切换到深层的价值观。

3. 邀请对方进行更深入的交谈，谈谈深层的价值观（首先要从信念切换到道德认识论）。

4. 帮助他们质疑自己推理得出道德信念的方式，从而让他们怀疑自己的道德认识论。

5. 让信念和道德认识论之间的纽带自行切断（这将在谈话结束后完成）。

注意，重要的是过程。处理道德认识论和处理其他认识论一样——理解对方是如何了解他们自认为了解的事物的。但是，比起事实性的知识主张，道德信念的运作环境更为复杂，因此，你可能不得不深入探讨情感问题，例如："为什么你觉得这种信念比其他的更合理？""如果你强烈地感觉到某个信念是正确的，这个信念正确的可能性就更高吗？"提出情感问题有助于消除谈话中的鸿沟,参与谈话的人可能会想为什么谈话失败了,却无法察觉到这个鸿沟。这个鸿沟存在于谈话表面上涉及的事实(被枪杀的人数、移民的统计数据、工厂化农场发生的事情)和实际涉及的深层问题(情感、道德或身份问题)之间。

探讨道德认识论可能会极其困难。在被问到道德信念的基础时,大多数人会敏锐地意识到,他们并没有充分的理由来支撑自己的信念。这会引起对方的抵触情绪。不过,从更普遍的角度来讲,道德认识论的提问方法和其他认识论的提问方法没什么两样。真诚地询问对方是如何得出这一道德结论的,尝试弄清楚对方的推理过程能否支撑他们的结论,以及专注于对方认为什么是好人的相关精准驳斥问题。

拆解步骤

让我们更详细地拆解上述模板的每个步骤:

1. 承认对方的意图并肯定他们是好人。

你可以和对方说:"我知道,做一个好人对你来说非常重要。"肯定他们是好人或者他们有好的意图非常重要,因为这可以让他们放下戒心,有时他们还愿意缓和自己的极端信念。这也是后续进行干预步骤的重要准备。

你总能找到一些积极的方面,即使你最多只能承认(但不接受）他们构建的道德世界，以及他们在那个道德世界中应对自如。如果你觉得吃力，因为对方的观点令人十分反感，那不妨承认他们的意图是好的。这一点尤其重要，因为这是帮助对方质疑什么是"好人"过程中的一环。承认一个人在努力做个好人，不是在说他正在提升人类的福祉或减轻人类的痛苦——也不是说他正在成功做到他尝试去做的事情。这里谈话的第一步是承认对方的价值观和良好的意图，仅此而已。你只是在口头承认对方重视道德，对方践行自己的信念使他成为一个好人。在这个当口，没必要问是什么让一个人成为好人。简单地承认并肯定做一个好人对他们很重要就够了。

很多微妙的谈话之所以失败，就是因为没有承认对方在践行他们的道德信念。这个问题不费吹灰之力就能补救，你只需和对方说："我知道，做一个好人对你来说非常重要。"

2. 把主题切换到深层的价值观。

你可以向对方提问："这些信念似乎对你真的很重要。这些信念的依据是什么？""哪些价值观影响了这些信念？""这些信念是如何推导出来的？"

如果对方坚持某个信念，这个信念肯定不会"孤零零地出现"。争议性谈话几乎总是围绕着受特定价值观影响的信念。举个例子，对于美国的移民问题存在两派观点，这两派中有很多人都坚信自己是正确的，因为他们认为："有道德的美国人都有这样的信念。我是一个有道德的美国人。所以我有这样的信念。"在事实层面,谈话主题可能是关于应该让多少移民进入美国以及他们应该来自哪些国家,但在更深的层面,谈话主题其实是有道德的美国人应该持有什么价值观。又或者,对方的价值观可能与做一个有道德的美国人无关,而是关于促进"大多数人的最大利益"。这可能就是对方的深层价值观。

要想了解某个观念受到哪些价值观的影响,最好的方法之一就是问对方:"这个观点是基于什么价值观?"这里有一些问题可以帮助你理解对方的深层价值观:

(1)"想要让你的观点不成立,需要改变哪些价值观?"

在移民的例子中,对方的动机可能是白人种族主义,即大部分移民都不是白人,而美国应该是一个白人国家。又或者,深层价值观源于他们认为有必要保持文化的纯洁或者他们想获得社会特权,但他们却将这种价值观表达为"移民正在改变我们的文化,抢走我们的工作"。紧接着,你可以询问对方:"如果这些价值观改变了,你的结论也会改变吗?"

(2)"要让你的信念不成立,需要改变哪些条件?"

这是一个驳斥问题的变体。这个问题很难回答,也很抽象,你可能需要继续提出问题来梳理深层价值观。首先,你可以进行经验类比。我们最喜欢第五章里卡尔·萨根的问题:"要让宇宙其他地方不存在智慧生命体这个说法成立,需要改变什么条件？"一般情况下，"我们可能是第一批智慧生命体"就可以回答这个问题。

通过把谈话的主题切换到影响信念的价值观，对方便无法使用精心编排的辩白。所有顽固分子都会精心编好回复，为自己的信念辩护，但对于推理得出信念的过程，他们的辩护几乎空白，而且很蹩脚。

最后，不用担心谈话听起来"太过哲学"。大多数人都希望讨论自己和自己的信念。

3. 邀请对方进行更深入的谈话，谈谈深层的价值观。

可以直接和对方表示："我觉得这（对方的回答）很有意思。让我们探讨一下这些价值观吧。"现在，你的目标是帮助对方清晰地表达他们的价值观是什么，这些价值观来自何处，对方如何知道他们的价值观是正确的，他们的价值观与身份认同感有何关联。

对此，你可以直接问对方下列问题：

（1）我想多了解一下你对好人的看法。人们怎么知道这样做会让他们成为好人？如果他们这样做是出于别的动机呢？

（2）哪些因素可以判定一个人是好人？是他们的所思所想、所作所为，还是两者都有？

（3）好人都会按某种方式思考事情吗？（注意，这个问题会帮助对方思考他们的认识论，而不会感到必须为他们的认识论辩护。）

（4）"某个信念"和当一个好人有什么联系吗？如果一个人是因为别的原因而持有这种信念呢？他们还是好人吗？

（5）什么价值观让你产生了这种感觉并相信这种信念？

（6）如果你抛弃了这种信念，你认为自己道德水平会因此下降吗？为什么？

（7）如果一个人没有这种信念，应该判定他的道德水平（与你相比）比较低吗？为什么？有没有可能他们只是被误解了，并不是不道德？（这个问题很重要，因为它巧妙地暗示了一个人应该用同样的标准评判自己。）

（8）假如你认识一个品德高尚的好人，而他却没有这种信念，你有什么看法？又或者他持有相反的信念呢？

（9）如果一个人通过不同的推理方式得出相似的结论呢？他们是正确的吗？举个例子，如果有人认为应该限制向重罪犯出售枪支，因为他们是重罪犯，你怎么看？

人们总会假定他们的价值观是显而易见的，在这个阶段，你要慢慢来。

你的目标是借助这种针对身份的问题，邀请对方解释他们的道德认识论。每个问题都像一把微型剃刀，有可能瓦解对方的信念与其持有信念的理由之间的纽带，即使切断这种联系需要时间和反思。

4. 让对方开始怀疑自己的道德认识论。

认识论的研究对象是，一个人如何知道他自认为知道的事情。道德认识论的研究对象就是，一个人如何知道或逐渐知道道德真理？你可以这样想：道德问题是关于我们应该怎么做，应该相信什么，而道德认识论就是我们得到答案的过程。

极少有人认真思考过我们是如何得出"我应该珍视什么？"这个问题的答案的。彼得与囚犯打交道，与强硬的宗教信徒交谈，就道德争议问题进行了上千次对话，其间，他发现几乎没有人深入思考过道德相关术语的含义，例如正义、公平、忠诚和真理。我们的"直觉"（更准确地说是我们的道德直觉）、社会、家庭、宗教、文化等等，都给人一种错觉：我们已经掌握了永恒的道德真理，掌握了如何维护道德真理、如何发现和惩罚悖逆者。我们的信念生活被情感、文化、心理、信息渠道、环境（包括经济和社会阶级）、基因和时代精神所束缚。我们很少深入思考和审视我们是否能依赖我们获得道德知识的过程得出真理。但是我们却以为自己已经深入思考并审视过这个问题了。我们凭直觉判断某人做了好事还是坏事，这个人或者那个人是好人还是坏人。即使我们对我们的道德结论有着强烈的情感，我们对于得出结论的过程常常只有模糊的认识。

几乎每个人的道德认识论都是脆弱的——这种脆弱就是你进行信念干预的主要切入点。它是我们信念机器上的裂痕，是我们最脆弱的地方，也是我们让对方萌生怀疑，帮助对方降低对自身信念的信心的入口。它是通往谦逊的大门。

5. 让道德信念和道德认识论之间的纽带自行切断。

最后，你可以结束谈话，或是重谈信念的数值等级，问对方有多相信自己的信念是正确的。为了帮助对方改变对某个道德信念的看法，你应把目标设置为在那条让对方认定自己持有正确价值观的道路上埋下怀疑的种子。

要小心！

尽管我们提供了上述所有细节和警告，这个过程还是说起来容易，做起来难。要完成这个过程，并没有一个标准的正确方法。

在与顽固分子交谈时，总会有强烈的情感和身份认同感在深层涌动。谈话的激流可以轻松将你困住，阻止你把谈话引向道德认识论。和顽固分子打交道，你得不停地把谈话带回中心问题。耐心、冷静和坚持是成功的前提。

做好应对麻烦的心理准备。在道德认识论和该道德认识论得出的信念之间打进楔子可能会导致"认同地震"（认同地震是人们在核心价值观受到干扰时的情感反应）。人们可能会不知所措、绝望或者感到愤怒，他们可能会反唇相讥，决定不相信你。你也可能会被拖入对方的认同地震中失去这个朋友。如果对方原先的认同感消失，他可能会因此而悲伤，产生逃避、愤怒、沮丧和内疚的情绪。

最后，要看到现实。你只能期望这些谈话一点一点地改变人们的态度。除非有灾难性事件发生，否则改变往往像冰川移动般缓慢。当涉及对错、生活目标、归属、家庭、身份和死亡等核心问题时，更是如此。如果你成功向对方灌输质疑，或者帮助对方意识到他们推理得出信念的过程不足以支撑他们当前的信心值，不要急于给对方压力。

给别人时间调整自己的观点。当人们确信他们对自身信念的自信过度膨胀时，他们改变信念的可能性会更大，而这种改变可能会随时间的推移而变得"牢固"。最后，记得为对方搭建"金台阶"，称赞对方改变信念的勇气。

小结：如何与顽固分子谈话

与顽固分子、狂热分子、极端分子和其他道德观念根深蒂固的人进行有效谈话是有可能的，但过程会很艰难，需要耐心，而且不一定能保证成功。向对方灌输质疑的关键在于肯定对方的善意，将话题切换到价值观和身份问题，然后针对他们的道德认识论提问。下面这个模板可以让我们从另一个角度来看待上述五个步骤：

1. 确认你面对的是一个顽固分子。

一个很好的判定标准是，对信念的信心值从 1 到 10 打分，如果对方打 10 分，他就是一个顽固分子；或者如果对方表示他的信念没有任何条件可以驳斥，或给你提供的是极端不合常理的驳斥条件，他也是一个顽固分子。

记住：如果对方对道德信念的自信越极端（特别是达到 8 到 10 分），他们就越难给出合理严谨的证明。即使是对道德信念的数值等级处在中等水平（6 到 7 分）的人，他们的理由也可能很薄弱，经不起推敲。

2. 表示理解对方的意图和动机，同时肯定他们本质上是好人。

与顽固分子谈话，你要先维护他们的自尊，然后再破坏他们在道德认识论方面的过分自信。任何能够触动顽固分子的技巧都必须首先维护他们的自尊。

3. 将话题切换到深层价值观。

4. 邀请对方更深入地谈谈深层的价值观，尽力建立起双方价值观相同的感觉。

5. 引发对方对自身道德认识论的怀疑。

有针对性地向对方提问，这些问题会挑战对方的信念与其身份认同感之间的联系。你的谈话目标通常是，引导对方意识到他们的深层价值观还可以通过其他形式表现出来。

如果对方没有给他的孩子接种疫苗,你可以直接询问对方:"成为一位好母亲需要什么品质?"这个问题能帮你避开对方精心排练的答案。讨论完这一问题后,你可以把谈话引向接种疫苗在她履行好母亲的职责中发挥了什么作用。这是讨论道德认识论的理想衔接。当然,记得避开事实。

如果需要:转换到"上级身份"。

当谈话涉及种族、性别或任何其他身份政治的争议性标志,人们可能会产生抵触情绪,突然发火。如果你发现谈话变成激烈争论或是陷入僵局,不妨将关注点转向"上级身份"标志。这些"上级身份"标志不会制造分裂,而是会将人们团结起来。"上级身份"标志是"宽泛的",包含人与人之间的共性,而不是"狭隘地"确定某个团体的特征(例如,黑色皮肤)。

"你是白人(或者穆斯林),我是黑人(或者基督徒),但那又怎样,我们都是美国人,都是人类。"注意这句话在把谈话引向身份层面的共同点。

6. 切断结论与道德认识论(即对方基于价值观得出结论的方式)之间的纽带。

7. 全程保持耐心。

8. 搭建"金台阶"。

9. 如果感到不那么安全，就结束谈话。

最后，你可能需要弄清楚自己是不是顽固分子。考虑自己的思考方式和行为举止是否像个顽固分子。思考你珍视的信念，问自己一些驳斥问题，写下答案，再把道德观拿给与你不同的朋友看。问他是不是有些答案看起来完全不可信。如果他说"是"，你就有机会更深入地反思自己的信念。如果你认识的人道德观都和你相同，那么是时候扩大你的朋友圈了。

如果你没办法给出驳斥条件，那么你要诚实回答你对自身信念的自信是否合理。记住，你越想持有某个信念，它就越难改变。如果你倾向于认为反对你的人存在道德问题，或者你发现自己几乎都在用道德沦丧之类的词语来描述他们，你很可能就是顽固分子，需要进行一系列的自我干预。

二、重新构建道德谈话

重新构建道德谈话可以在一定程度上填补你和谈话伙伴在道德直觉方面的鸿沟。这意味着你要重新用道德词语来表达某个想法或主张，你的用语应尽量避免刺激对方采取戒备姿态，同时引起对方的共鸣。这可能就像学习说另一门语言。

第七章 两个关键因素，帮你改变难以改变的人

理解道德直觉

把道德直觉想象成偏向特定（核心）价值观的倾向。在我们试图理清何为对错，我们的道德直觉就已经形成了。例如在政治领域，自由党、保守党和自由主义者在交谈时，常常无法理解对方的道德直觉。如果自由党想让保守党理解自己的观点，他们就得根据保守党的价值观来阐述观点，反之亦然；如果自由党或保守党想与自由主义者沟通，他们也得这么做。

正如道格拉斯·斯通和其同事指出："重新构建意味着理解他人所说的核心意思，然后将其'翻译'成更有帮助的概念。"你甚至在谈话陷入僵局之前，就可以重新构建讨论的问题，所用的措辞应能跨越分歧与对方的道德直觉产生共鸣。我们提倡的道德重新构建形式是以海特的框架为根基。

首先，我们会提供基础入门知识。然后，我们会根据海特的分类，详细说明如何重新构建道德谈话。

道德基础

在海特和其同事最新的研究中，他们确定了六大"道德基础"（及其相反的价值观）：

别害怕冲突 ▶▶▶

关爱与伤害；

公平与欺骗；

忠诚与背叛；

权威与颠覆；

洁净与堕落；

自由与压迫。

海特将这些道德基础描述为不同的味觉（甜、酸、咸、苦、辣），意味着它们与生理感觉很接近，能迅速被感受到。我们可以把它们当成人们对深层价值观的感觉。对于这六大道德基础，保守党倾向于忠诚、权威和洁净，不太偏向于关爱。自由党最注重关爱、公平和自由，几乎完全不在意其他三大道德基础（又或者它们有完全不同的表现形式）。自由主义者最关注自由，认为其他五大基础没那么重要。

我们要时刻记住，这些差别可以促进有效的谈话。让我们回到枪支管制的问题。保守党最敏感的是那些让他们将安全（一种社会洁净）和自由列为优先的价值观。这些价值观包括保护自己不受威胁的能力。自由党在谈论枪支时极少使用这些措辞，而是专注于枪支造成伤害的统计数据。相比引用死于蓄意或意外枪杀的人数，如果一个自由党说"我明白为什么你会持不同的观点，但人们总会犯错，这么容易就能拿到枪让我觉得更不安全、不自由，而不是更安全、更自由。"这样他就更能得到一大部分人的理解。

几乎所有政治谈话都以基本价值观为根基。如果你和谈话伙伴的基本价值观不同，就会造成巨大的困难。你们的基本价值观会一直影响你们理解问题的方式、侧重点和使用的语言。结果就是，即使你们同意对方的观点，你们仍可能是在各说各话，而且你们可能很难找到共同点。这使得谈话难以跨越道德分歧顺利进行，因为价值观不合会造成道德和政治问题方面的误解。更糟糕的是，这些分歧常常在你思考清楚之前，就已经在情绪上表现出来，而且可能会让双方感到沮丧。

虽然困难，但这个问题仅有的解决方法之一就是——尽全力理解对方，并使用对方的词语，包括道德词语。为了促进理解，你要利用相关道德基础并重新构建道德谈话。这样做可以为有效沟通开启新的渠道。

重新构建

通过学习使用其他"道德方言"，可以大幅提升重新构建道德谈话的能力。可能你和谈话伙伴说的都是英语，但如果他是信仰东正教的犹太人，而你是崇尚自由的嬉皮士，你们讲的常常是不同的道德语言。我们的语言象征意义丰富，我们的道德直觉会在交流道德观点时被触发。因此，当你提起某个能够引起道德共鸣的词语时，你的谈话伙伴听到的可能与你的原意完全不同。听到"精神上的"这个词时，一个虔诚的穆斯林可能会想到独特的道德意义，而其他人，如嬉皮士或无神论者，可能不会出现这样的情况。

通过学习其他道德语言，你可以消除看似无法逾越的道德分歧。正如同学习一门新的语言，学习使用"保守语"或"自由语"，或者学习理解和欣赏他人信仰传统中丰富的象征意义，需要时间练习，需要以这门语言为母语的人大量交流。下列是一些简单的策略和技巧，可帮助你提升"口语"能力，加深对其他道德语言的理解：

1.接触其他道德观点以及那些持有相反观点的人。

阅读道德观不同的人所写的材料，花时间思考这些材料有哪些道德诉求以及这些道德诉求是如何实现的。无论你选择哪个方向，最简单的总是那些与你自己的道德观稍有不同的材料。

进行面对面的谈话，而非无法同步的线上谈话。面对面互动提供了即时反馈的机会，这一点非常关键，因为这种交流更加"原始"，留给人们反思的时间更少。

友善对待信仰传统不同或没有信仰传统的人。倾听他们的道德语言。

与道德观不同的朋友进行练习。(如果你所有的朋友都有相同的道德信念,考虑扩大你的朋友圈。)

2. 专注于特定的词汇和术语。

问问你的谈话伙伴,为什么他们用了某些特定的词,而不用其他的词。举个例子,如果你听到某人用"公平",问问他们为什么要用"公平"这个词,而不是"平等"。如果有人用了"信仰",问问他们为什么不用"希望""相信"或"信心"。

记住对方如何使用这些特定词语,可在未来你与相似信念的人交谈时派上用场。

3. 像局外人一样听听自己的道德语言。

确定你自己使用一个词语(比如种族主义者)的方式,并与别人进行比较。你可能会发现语义分歧的根源,甚至会发现无法用共同标准衡量的世界观(也就是说,各种观点的差异实在太大,以至于没有标准可同时对它们进行判断,例如,有的人最看重公平,有的人则最重视自由。)。问问自己,你使用"种族主义者"时表达的是什么意思,那些强烈反对你的人所说的"种族主义者"又是什么意思,再想想是什么造成了这种分歧。

4. 阅读道德基础理论的基本原则以及道德直觉理论。尤其是阅读和思考乔纳森·海特的《正义之心:为什么人们总是坚持"我对你错"》(*The Righteous Mind: Why Good People Are*

Divided by Politics and Religion）。注意理解不同道德派别之间的区别。

如果可能的话，使用对方的道德语言，以便与他们保持在同一个身份频道。

如何重新构建道德谈话

1. 使用道德关键词。

如果你正在和不同的对象谈话，可以使用"领导""自由""家庭""责任"等词，也可以使用"弱势群体""穷人""受害者""伤害"等词。如果你提出的主题同时让人们产生共鸣，例如"自由""正直""品行""平等"或"公平"，你可以根据各方的用法调整你自己的用法。也就是说，弄清楚他们如何使用"平等"这个词，然后采用类似的用法。

2. 你可以询问对方："你能不能想到一个句子,里面的 X（例如'公正'）可以用 Y（例如'公平'）代替，而句子的意思不变？"

如果对方的回答是否定的，那么你可以接着问对方："那你为什么用 X 而不用 Y？"

如果对方的回答是肯定的，那你可以尝试弄清楚两个句子是否意思相同。

人们使用的词语会将他们困在特定的思维框架之中。上述问题是一种驳斥问题,目的是帮助你的谈话伙伴质疑自己的词语选择以及道德观基础。

3. 把无法用共同标准衡量的道德分歧视作学习一门新道德语言的机会。

如果对方无法给出驳斥条件,其信念的信心值达到10分,那就专注于他们使用特定词语的方式,以及这些词语如何形成他们的道德世界观。记住,对方在免费教你说一门新的道德语言。

总　结

　　看似不可能的沟通通常都有一个共同点：它们都涉及来源于认同感的道德信念，但谈话却在事实层面展开。也就是说，讨论看上去是关于议题、理念和事实，但其实是关于持有这类观念的人将自己视为哪类人（好人持有这样的信念，我是一个好人）。那些最艰难的谈话，表面上讨论的问题无关乎道德，但实际上是关于：人们认为什么样的品质、信念、态度和行为使一个人成为好人或坏人，以及为什么持有正确的观点如此重要。

　　道德谈话极难应付，因为道德信念与个人身份和归属问题紧密相连；也就是一个人如何看待自己；认为自己是哪类人；以及谈话参与者如何归属于共同看重某种价值观的群体。有些人将坚持观点视为美德，同时他们所属的群体不断强化他们的信念，这些额外的重负使得改变他们的道德观念几乎完全不可能。（在口语中不愿或无法改变想法被称为"无可救药"；在哲学领域这类行为被称为"认识封闭"（epistemic closure)或"信念封闭"(doxastic closure);在宗教和通俗道德领域,这被称为"坚信"。

人们总认为道德问题是清晰的,答案显而易见,直到他们的道德认识论受到针对性问题的挑战。这时,道德问题令人晕头转向的复杂性会让你无所适从。碰到这种情况,原本讲道理的好心人可能会把自己封闭起来,拒绝改变观点或大发雷霆。所以,慢慢来。人们未能意识到道德问题的复杂性,造成了普遍且无端的道德确信(moral certainty),而这种情况使人们无法获得能够理解不同道德认识论的文化。运用本章提到的方法,则可以解决大部分问题。